JN439560

이정희 수필집

다음날, 그 다음날도

다음날, 그 다음날도

이정희 수필집

1판 1쇄 인쇄/ 2007년 8월 22일
1판 1쇄 발행/ 2007년 8월 25일

지은이 / 이 정 희
펴낸이 / 우 희 정
펴낸곳 / 도서출판 소소리

등록 / 제300-2007-21호
주소 110-521 서울 종로구 명륜동 1가 33-90
경주이씨 중앙회빌딩 302-1호
전화 / 765-5663, 766-5663(Fax)
e-mail: sosori39@hanmail.net
www. sosori.net

값 10,000 원

*잘못된 책은 교환 바꿔 드립니다.

ISBN 978-89-959287-8-3 03810

다음날, 그 다음날도

이정희 수필집

■

책을 내면서

지구의 나이를 하루라 치면 인류의 역사는 38초. 우주를 온 세상이라면 지구는 해변의 모래알보다 작은 존재. 지구를 마을이라 하면 거기 사는 사람은 거의 미세한 존재. 인간이 너무 초라하다는 생각이 든다.

하지만 이 초라한 인간에게는 말과 글을 사용할 줄 아는 지혜가 있다. 게다가 사유와 감성이라는 고차원적인 능력을 저장하는 공간이 따로 마련되어 있다. 모르긴 해도 우주 공간에 이런 능력을 가진 생물체가 또 있을까?

바람처럼 지나온 세월에 흔적 하나를 남기고 싶었다. 잊기 전에 정리한다는 게 뜻대로 되지 않았다. 자연과 생명체에 대해 관심을 가지고 싶었으나, 하찮은 주변 이야기에 머물고 말았다. 내면적인 성찰과 깊은 사고(思考)가 부족한 것 같아 아쉬운 생각이 든다.

학창 시절, 알퐁스 도데의 「마지막 수업」을 가르치던 국어선생님이 생각난다.

“국민이 노예가 되어도 나라말과 글을 간직하면 감옥에서 열쇄를 갖고 있는 것과 같다”는 말씀이 당시에는 얼른 이해가 되지 않았다.

우리말을 쉽게 표기할 수 있는 우리글이 있다는 것은 다행이고 대단한 축복이다. 외국학자들도 관심과 찬사를 아끼지 않는 우리글이 정작 우리나라에서는 대접이 소홀하다. 세계화의 대열에 낙오 될까봐 한글을 깨우치기 전에 외래어를 가르치고, 해괴한 통신언어의 사용으로 우리말과 글에 생채기가 나고 있다.

건강한 우리말과 글이 바르게 보존되는데 도움이 되었으면 한다.

2007. 7. 10. 저자 이정희

이정희 수필집

다음날, 그 다음날도

▷ 차 례

1 약 속

2 낙화의 향기

3 향일암 가는 길

4 과수원집 아이들

5 인 연

1.

약 속

'핀치'를 본 사람

몇 해 전, 13년 동안 가족처럼 지내던 핀치를 바다가 내려다 보이는 양지바른 산중턱에 묻었다. 그 후 얼마간은 아직도 곁에서 재롱을 부리는 것 같아 눈에 아른거렸다. 밤늦게 귀가할 때면 금방이라도 현관으로 반갑게 마중 나올 것 같았다.

상심해 있는 아이들처럼 내색은 하지 않았으나, 서글프고 허망한 마음은 마찬가지였다. 말 못하는 짐승이었으나 곁에서 하던 짓이 하도 귀엽고 예뻐서 얼른 잊을 수가 없었다.

그 후 허전하고 허무한 생각이 들어 「핀치」라는 제목으로 동인지에 글을 올렸다. 그러나 망각이라는 인간의 허점 때문인지, 세월이 지나면서 차츰 생각에서 멀어졌다. 아니 기억에서 완전히 지워져 잊고 있었다.

그런데 어느 날, 먼동이 트기 전 산책길에서였다. 어둠이 채 걷히지가 않았는데, 뒤에서 "핀치야!" 하고 부르는 소리가 났다. 처음에는 귀를 의심하고 계속 걷는데, 다시 부르는 여자의 목소리가 들렸다. 정말 오래간만에 들어본 녀석의 반가운 이름이었다.

뒤돌아보니 희미하게 보이는 모습이 거의 녀석이었다. 흰 바탕에 갈색 얼룩무늬며, 몸짓이며, 걸음걸이가 영락없이 핀치였다.

'어쩌면 저렇게도 닮았을까' 하는데, 나한테 오다 말고 주인 쪽으로 향하는 뒷모습이 어찌 그리도 서글프고 애틋할까.

"참 귀엽네요. 그리고 이름도 예쁘고. 흔치 않은 이름인데 누가 지었어요?"

"어느 병원의 대기실에서 가족들의 사랑을 받고 행복하게 살다 간 「핀치」라고 쓴 글을 읽은 생각이 나서…."

나는 한동안 잊었던 핀치를 생각하며, 오랜만에 녀석이 잠든 곳으로 발길을 돌렸다.

세 월

아이들이 하루 종일 컴퓨터 게임을 한다. 게임에서 몇 번의 위기를 넘기더니 "아유, 10년 감수 했네" 하며 한숨을 쉰다. 손바닥에 땀이 젖은 녀석들의 나이 이제 겨우 6살. 이들이 10년이란 세월을 알기나 할까. 세월의 의미를 제대로 알까.

지난 과거와 다가올 미래 사이에는 현재라는 찰나가 존재한다. 흐르는 물에 표적이 없고 지나치는 바람에 흔적이 없듯이, 세월의 구분도 애매해진다. 어쩌면 과거, 현재와 미래는 존재하지 않는지도 모른다. 과거가 곧 현재이고, 현재가 곧 미래일 수 있다. 현재는 바로 과거가 될 미래이며, 미래는 곧 있을 현재이다.

과거에 대한 그리움이나 미래를 향한 기대는 현재의 상황에 따라 달라진다. 현재가 만족스럽다면 지난날의 아픔은 추억이 되고, 다가올 미래는 희망이 된다. 지금이 고달프면 지난날의 아름다움은 슬픈 기억으로 남고, 미래에 대한 예측도 우울해진다. 오늘이 편한 것은 힘들었던 어제의 노력 때문이며, 오늘 최선을 다하는 것은 보다 나은 내일을 위한 투자이다.

늦가을의 해질녘, 텅 빈 공원 벤치에 노부부가 앉아 있다. 떨어지는 낙엽을 쳐다보고, 지는 석양을 바라본다. 가을볕에 말린 대추처럼 주름이 깊게 파인 할아버지의 얼굴과 시름, 활처럼 굽은 할머니의 허리와 퉁퉁 부은 손마디가 세월의 흐름을 말해준다.

시간이 흐르면 모든 것이 변한다. 하지만 항상 변하는 세월 속에서도 늘 변하지 않는 것도 있다. 저분들도 고사리 같은 손으로 소꿉장난하던 어린 시절이 있었고, 희망찬 내일을 그리던 청춘이 있었으며, 가족을 위해 헌신하던 불혹의 세월도 넘겼을 것이다.

그러나 더 확실한 것은 노을 속으로 타들어가는 그분들의 오늘 모습이, 머지않아 힘들게 살아갈 우리들의 내일이다.

약 속

금방이라도 소나기가 내릴 것 같은 찌는 날씨였으나 산사는 시원했다. 몇 년 전에 왔을 때보다 분위기가 아늑했다. 절 마당의 탑을 돌면서 작은 소망 하나를 기원하고 약속했다. 헛된 욕심은 버리고, 마음 한 곳에 자리하고 있는 갈등의 멍에에서도 자유로워지자고. 어쩌면 이 정도의 약속은 들어 줄 것 같은 기분이 들었다. 한결 마음이 가벼웠다.

산문을 나서니 아주머니가 포도를 팔고 있었다. 마침, 포도가 익는 계절이라 군침이 돌았다. 아주머니의 간곡한 권유로 포도 한 상자를 사고 오는데, 먹구름이 움직이더니 소나기가 내리기 시작했다. 쉽게 그칠 비가 아닐 것 같아 차를 세워둔 주차장까지 걸었다.

우산을 썼으나 옷은 거의 비에 젖었다. 포도를 차에 싣고 시동을 걸고 출발하려는데, 옷이 흠뻑 젖은 한 할머니가 차창을 두드렸다.

'비가 많이 와서 걷지는 못하고, 아랫마을까지 차를 좀 태워 달라는구나' 이렇게 생각하고, "어서 타세요, 할머니" 하고 차문을 열었다.

그런데 차에는 타지 않고 비에 젖은 포도 상자를 내밀며 사라고 했다. 비를 맞은 채 포도 상자를 들고 있는 할머니의 주름진 얼굴 사이로 빗물이 고였다.

"할머니, 좀 전에 저기서 포도를 샀어요."

측은한 생각을 하며 할머니를 바라보았다.

"절에 올라가기 전에 나랑 약속하지 않았어요. 내려오면 사겠다고."

할머니는 실망스런 표정으로 나의 눈치를 살폈다. 얼마 남지 않은 포도를 다른 사람한테 팔고 일찍 집에 갈 수도 있었는데, 손님과 한 약속을 지키기 위해 빗속에서 나를 기다렸다. 그러나 나는 그 약속을 까맣게 잊고 있었다.

동물 간에는 약속이 없다. 약속은 사람만이 할 수 있는 인격의 확인이며 지킴이다. 신의를 중시하던 옛날 사람들은 꿈에

한 약속을 깬 뒤 꿈인 줄 알면서도 약속을 지켰다고 한다.

대웅전 앞의 탑을 돌면서 한 나의 소망과 약속을 혹시 그분은 나처럼 잊지나 않았는지. 나만 생각했던 자신이 부끄러웠다.

5월 어린이

5월은 어린이 달이다. 잦은 축하행사에 참석하느라 그들은 어느 때보다 바쁘고 피곤하다. 신록의 계절에 한때나마 사회와 어른들이 그들에게 관심을 갖는 것은 그나마 다행이고, 축복이다. 하지만 아직도 가족과 가정을 떠나 학대나 방임으로 버려진 아이들도 있다.

정상적인 가정에서 과잉보호를 받고 자라는 아이들도 고충은 있다. 어른들의 끝없는 욕심이 밝고 건강하게 자라야 할 동심을 멍들게 한다. 학교가 파하면 곧장 과외학원으로 향하고, 피아노 교습이 끝나기가 무섭게 태권도 연습장으로 뛰어야 한다. 하루해가 모자란다.

아이들에게 쉴 여유를 주지 않는다. 자연을 즐길 기회도 없다. 딴 눈을 팔면 다른 아이들보다 처진다는 어른들의 조급한 욕심이 끝없는 경쟁으로 몰고 간다. 많은 것을 얻으려 하지만 결국은 더 큰 것을 잃고 있다.

부모들의 지나친 기대와 주문으로 아이들은 초조하고 부담스러워 한다. 육체적인 피곤과 정신적인 긴장은 하루가 다르게 성장과 발육이 진행되는 소아들의 건강에도 영향을 미친다. 저항력이 떨어진 아이들은 질병에 노출될 기회가 많고, 병의 회복은 느리게 된다.

온실 속의 화초처럼 자란 요즘 아이들은 곱게는 자랐으나, 튼튼하지는 못하다. 허약하며 참을성도 부족하다. 체격은 좋으나 체질은 연하다. 이들에게는 가정이나 학교에서 정상적인 교육을 받을 수 있는 건전한 환경 조성이 되어야 한다.

어린이는 미래의 희망이며 꿈이다. 요즘 출산율의 감소로 국가와 사회에 큰 문제를 준다. 아이들이 부담스럽지 않을 정도의 관심은 필요하다. 아직 선악의 분별과 판단력이 약한 소아를 불의의 사고와 유해환경으로부터 보호하는 것은 어른들의 책임이며 의무이다.

장래를 위해 어린이를 올곧게 잘 키우는 것, 이것보다 시급하고 중요한 것이 또 있을까.

공든 탑

가끔 나서는 산책길에 얼마 전부터 나이든 부부가 돌탑을 쌓고 있었다. 주위가 아직 어두운 이른 새벽부터 돌탑을 쌓는 그들의 정성이 대단하고 한편 힘들어 보였다. '며칠 동안 몇 개만 쌓다 그만 두겠지' 하였는데, 거의 해가 바뀌는데도 계속하고 있었다.

무슨 연유와 소원이 있어 탑을 쌓는지 궁금하였다. 묻고 싶었으나 너무 신중하고 정성스럽게 일을 하고 있어, 감히 말을 붙일 엄두가 나지 않았다. 계절이 바뀌면서 이태를 넘게 쌓아올린 돌탑이 오솔길 양쪽으로 무려 50여 개나 되었다. 어른 키보다 조금 높은 돌탑이 모양도 참하거니와 아주 실하게 생겼다. 작은 돌들을 촘촘히 괴어 거의 빈틈이 없었다. 참으로 대단한 정성을 들여 쌓은 탑이라 지날 때마다 숙연해지고, 가벼운 소망쯤은 인색하지 않을 것 같았다. 새벽어둠 속에서 돌탑 사이를 걸으며 하루를 여는 것이 일과가 되었다.

한동안 뜸했던 이 산길을 다시 나선 건, 몇 해 전 큰 태풍 매미가 휩쓸고 간 다음날 새벽이었다. 오랜만에 돌탑이 궁금해서였다. 밤새 불던 바람에 항에 세워둔 컨테이너 크레인이 종잇장처럼 구겨지고, 밀어닥친 해일로 해변가 도로가 잘리고, 건물은 초토화 되었다.

쑥대밭이 되어버린 논바닥을 바라보는 농부의 허탈감이나, 산산조각이 난 가두리 양식장을 바라보며 망연자실하는 어부의 실망을 헤아리면 돌탑도 무사하지는 못할 것 같았다. 필시 정성껏 쌓은 돌탑도 어지럽게 무너지고, 나뒹굴던 낙과처럼 바람을 이기지 못한 돌들은 떨어져 오솔길에 널려 있을 것 같았다.

그러나 기우였다. 떨어진 나뭇가지가 길을 덮고 있을 뿐 돌탑은 신기하게 제자리를 지킨 채 아무 탈 없이 말짱했다. 거센 바람도 부부의 정성을 꺾지는 못했다. 공들게 쌓아올린 탑이 쉽게 무너질까. 정성을 들이던 그들의 얼굴이 아른거렸다.

나비의 꿈

어릴 때부터 뇌성마비를 앓아 가족을 안타깝게 한 경미는, 진료실에서도 가끔 말썽을 부렸다. 성격이 그렇게 예민한 편은 아니었으나, 마음에 들지 않으면 예사로 투정을 부렸다. 고집도 센 편이라, 한 번 토라지면 달래기도 어려웠다. 늦되는 성장발육 상태에다 이런 비정상적인 행동을 하는 경미를 지켜보는 가족들은 항상 불안했다.

얼마 전 오랜만에 만나니 이젠 다 큰 처녀가 되었다. 사춘기를 넘기니 보다 의젓하고, 수줍음도 살며시 탄다. 보행 곤란과 언어장애로 그동안 특수학교에서 교육을 받았으나, 예전이나 지금이나 별로 나아진 것은 없다. 그러나 철이 드니 성격은 많이 부드러워지고, 마음도 성숙해진 것 같다. 겉모습도 자연스러우면서 당당하다. 세상을 긍정적으로 바라보는 여유도 생겼다. 쉽게 열지는 않지만, 속내는 순수하고 밝아 보인다.

아직도 발음이 정확하지 않아 글로써 의사소통을 한다. 내가 쓴 글은 그가 쉽게 알아보지만, 내 왼손으로 쓴 것 같은 비틀비틀한 그의 글은 내가 알기 어렵다.

경미는 어릴 때부터 다른 데는 별로 관심이 없었으나, 그림 그리기를 좋아했다. 자유스럽지 못한 손끝에서 나오는 그림이라 서툴렀으나, 예쁜 그림을 그려 가족을 즐겁게 하는 것이 그의 꿈이었다.

"장래에 무엇이 될래?" 하고 물으면, '화가'라고 흰 종이에 쓴다.

"무슨 그림을 그리고 싶냐?"고 하면, "꽃을 찾아 자유롭게 훨훨 나는 나비를…" 그리고 싶다고 한다.

이왕이면 나비 속에 그의 꿈도 그려 넣었으면 좋겠다. 이리저리 꽃밭을 찾아 마음껏 날고 싶어 하는 경미의 꿈이 얼른 왔으면 한다.

겨울바람

겨울바람이 차가운 연말이었다. 모임에 참석하기 위해 시내 밤길을 바쁘게 걸어가고 있었다. 추위만큼이나 당시의 나라경제가 얼어 있었다. 생활에 여유가 없었고, 가정형편은 말이 아니었다. 몸을 움츠리며 길을 가는 사람들의 표정도 한결같이 어두워 보였다. 직장을 잃고, 가정을 등진 불우한 사람들도 많았다.

나는 약속 장소로 정시에 도착하기 위해 거의 뛰다시피 걸었다. 이때, 얼어붙은 길바닥에 앉아 언손을 내밀며 구걸하는 어린 소년이 잠시 시야에 들어왔다. 고사리 같은 여린 손은 갈라지고 손등은 퉁퉁 부어 있었다.

따뜻한 가정에서 한창 가족의 귀여움과 사랑을 받을 나이인데 너무나 일찍 거리에서 추위에 떨고 있었다. 가족이 있을지도, 가정이 없을지도 모를 그 소년에게 사람들은 눈길 한 번 주지 않고 지나치고 있었다. 나도 그중 인정머리 없는 한 사람이었다.

그때 어느 아주머니가 지폐를 꺼내주며 소년의 찬 손을 잡아주었다. 그날 밤의 추위를 단번에 녹일 수 있는 포근하고 아름다운 광경이었다.

모임에 참석한 동안에도 떨고 있는 소년의 모습이 떠나지 않았다. 그냥 못 본 체 지나쳐버린 후회와 아쉬움 때문인지, 모임이 끝나고 발길이 저절로 그쪽으로 향하였다. 그러나 지나가는 인파 속에서 소년은 끝내 보이지 않았다. 다른 장소로 옮겨 구원을 청하고 있는지 아니면 어느 구석진 곳에서 각박한 세상을 원망하고 있는지 모를 일이었다.

요즘도 여러 원인으로 가정이 해체되어 가족의 품을 떠나 버려지는 아이들을 종종 보게 된다. 어른들의 잘못이며, 모두가 책임져야 할 아픔이고, 슬픔이다.

남의 슬픔을 보고 흘리는 눈물은 보석보다 더 아름답다고 했다. 남의 아픔을 보고 느끼는 동정은 꽃보다 더 향기롭다고 했다.

목 련

산사의 손바닥만한 마당에는 오래된 백목련이 있다. 접근이 쉽지 않은 외진 이곳을 가끔 찾는 것은, 이 목련에 대한 궁금증 때문이다.

겨울에서 봄으로 가는 길목에서 절간이 한적해지면, 잊지 않고 목련은 꽃망울을 터트린다. 다른 나무들이 아직 깊은 겨울잠에 빠져 있을 때 꽃을 피운다. 겨우내 꽃구경을 못하다가 오래간만에 핀 목련을 보면 매우 반갑다. 지난겨울이 아무리 춥고 길어도 어김없이 피는 것이 고맙고, 기특하다.

겨울바람이라 차지만, 봄볕이 따뜻하여 응달의 절간은 포근하고 상큼하다. 넓지 않은 마당에서 있는 듯 없는 듯한 향기를 마시며, 꽃샘추위에 떨고 있는 목련을 살핀다. 여러 빛깔의 꽃잎만큼 목련에 대한 느낌도 다양하다. 개화시의 상서로움, 만개할 때의 우아함, 낙화의 서글픔 그리고 늦겨울 눈보라 속에서의 단아함, 이런 목련의 품위는 한결 복스럽다.

양지쪽으로만 고개를 돌리는 다른 꽃과는 달리 찬바람이 부는 북쪽으로 꽃봉오리가 향하는 것은 해신을 그리는 곧은 절개인지. 따뜻한 봄볕을 받아 피는 것도 아니고, 서늘한 가을바람을 타고 피는 것도 아니다. 추위에 무엇이 급해서 잎이 나지도 않았는데 아픈 생살을 찢고 나왔는지. 가는 겨울에 대한 아쉬움인가, 오는 봄에 대한 축복의 신호인가.

거의 모든 꽃은 필 때는 아름답지만, 질 무렵에는 측은하다. 새잎이 돋아날 때까지 미련이 남아 매달려 있는 꽃을 보면 초라하고 안쓰럽다. 품위 있고 고상한 꽃은 추한 모습을 들키지 않게 잎이 나기 전에 낙화하는 멋진 모습을 보인다.

목련은 필 때도 곱지만 질 때도 당당하다. 이파리가 나기 전에 꽃이 피고, 잎이 나면 꽃은 진다. 꽃송이는 잎을 만나지 못하고, 그 잎은 꽃을 보지 못한다. 엇갈려 피고 지는 꽃과 잎 사이에는 만나서는 안 될 무슨 사연이라도 있는가. 같은 가지에서 살면서 만나지 못하는 목련의 꽃과 잎이 아쉽고 애처롭다.

산사의 앞뜰에 목련을 누가, 무슨 뜻으로 심었을까?

가끔 인간적인 번민으로 가슴앓이를 해야 하는 수행자에게 마음을 다잡으라는 뜻인지, 인연 아닌 인연은 갖지도 말고 만들지도 말라는 뜻인지, 백목련 앞에 설 때마다 궁금해진다.

해 몽

도저히 지난밤 꿈을 이해할 수가 없다.

시골 장터를 지나는데 난데없이 길을 잃은 돼지 한 마리가 나타났다. 적당하게 살이 찐 복스러운 돼지는 주인 없는 가게 앞을 혼자 어슬렁거리고 있었다.

필시 갑갑한 우리를 탈출한 녀석이 오랜만에 넓은 세상에서 자유를 만끽하며 여유를 부리는 것 같았다. 할 일 없이 시간을 축내고 있던 나는 좋은 친구가 생겼다며 녀석이 다가오기를 기다렸다. 허나 나를 외면 한 채 종종걸음으로 다른 곳으로 향했다. 어디로 가는지 관심 있게 바라보던 나는 그만 실망하고 말았다. 하필 왜 거기로 가지….

녀석은 약속이나 한 것처럼 개들이 노는 곳으로 걸어가고 있었다. 낯선 침입자를 발견한 개들은 녀석을 본체만체 하던 놀이를 계속하고 있었다. 녀석도 물끄러미 바라볼 뿐 어울리지 못했다. 뒤늦게 이질감을 느낀 녀석은 미련 없이 다른 곳으로 가버렸다.

나랑 놀지. 아쉬웠으나 정신을 차리니 꿈이었다.

개들과 노는 돼지꿈이라. 이것을 개꿈으로 실망해야 하나 돼지꿈으로 희망을 걸어야 하나.

하루 종일 궁금했다. 그러나 함부로 아무한테나 발설할 입장도 아니었다. 이 꿈을 어떻게 풀어야 하나 혼자서 전전긍긍하며 이틀을 보냈다.

다음날 불현듯 한 방법이 생각났다.

아무에게 알리지 않고 발길이 뜸한 외진 복권가게 앞으로 가서 작심을 하고 복권 2장을 샀다. 추첨의 결과에 따라 해몽을 하기로 하였다. 며칠 후 추첨 발표는 실망이었다.

역시 개꿈이었다.

희망의 기쁨과 실망의 아픔이 같이 오면 아픔이 더 크게 느껴지나 보다. 빛과 그늘이 함께하면 주위는 보다 어두워지는 것처럼.

사라진 도랑

옛 고향집 삽짝을 나서면 작은 도랑이 있었다. 항상 맑은 물이 흐르는 이 도랑은 신작로와 벼논 사이를 지나 제법 큰 개천으로 흘러갔다. 이 도랑은 농작물을 영글게 하는 소중한 젖줄이었고, 아이들에게는 친근한 놀이터였다. 가뭄이 심해도 도랑은 마르지 않았으며, 이 물을 마신 벼는 가뭄에도 걱정이 없었다.

봄은 이 도랑에 먼저 찾아왔다. 도랑가에 버들강아지가 움이 돋기 시작하면, 살얼음 사이로 흘러내리는 물소리도 잔잔했다. 여름에는 개구리나 물고기를 잡고, 겨울에 물이 얼면 얼음을 타고 놀았다. 아이들에게 더 없이 좋은 전천후 놀이 공간이었다.

날씨가 조금 따뜻해지면 도랑을 찾는 기회도 잦아졌다. 바지를 젖지 않게 걷어 올리고 발을 담그면, 봄이지만 물속은 아직

차다. 발목이 시려오는 것도 잊고, 하얀 종이배를 띄운다. 꿈과 희망을 실은 종이배가 뜨면 도랑은 긴 강이 되고, 넓은 바다가 된다.

큰물이 지면 떠내려 온 쓰레기를 치우고, 도랑을 깨끗이 청소하였다. 날이 개면 마을사람들은 도랑에 나와 빨래를 하였다. 빨래터는 이웃 간의 소식을 교환하는 정보 제공의 장소가 되었다. 소곤소곤 나누는 말들이 언제 들어도 정겨운 토박이 말이었다.

"너거 누부는 새첩고, 건넛집 머스마는 대르졌다."

"저 집 애 하는 행동이 너무 굴축스럽고, 저 아이는 밉상스럽고, 해찰궂다."

"학교 늦다고 너무 깝치지 말고, 단디 뎅겨 오너라."

지금도 귓가에 맴돌고 있다.

쟁기질을 마친 머슴들이 흙 묻은 손발을 씻으면, 조잘거리던 처녀들은 얼굴을 붉힌 채 슬그머니 자리를 뜬다. 학교를 마치면 집이 같은 방향인 아이와 도랑을 바라보며 신작로를 걸었다. 좋은 기분으로 같이 걷던 아이의 소식이 궁금해진다. 어디에서 잘살고 있을까.

오랜만에 마을에 가보니, 그 도랑이 보이지 않았다. 마침 지나가는 아이에게 물었다.

"예전에는 이쯤에 '또랑'이 있었는데…."

아이는 나를 쳐다보고 고개를 흔들며, '또랑'이 무슨 말인지를 되물었다. 추억과 애환이 서린 고향 말이 사라지는 것 같아 서운했다.

자세히 보니 도랑 위에는 시멘트로 복개를 하였다. 숨도 못 쉬게 도랑을 덮고 있는 콘크리트 바닥 위로 차가 다니며, 주차장으로 변해버렸다. 도랑의 맑은 물은 흔적도 없었고, 잔잔한 물소리 대신에 자동차의 엔진소리만 소란스러웠다.

고향에 가면 없어진 게 도랑뿐일까. 마을사람들은 흙이 되어 떠나가고, 고향 말은 허공 속으로 사라진다. 하루가 다르게 강산이 바뀌는데, 하찮은 작은 도랑 하나쯤 없어진 것이 무슨 큰 의미가 있을까마는 어릴 적 추억 한 점이 떨어져 나간 것 같아 애석하다. 유년기의 무늬 한 조각이 사라진 상실의 아쉬움은 언제 잊힐 것인지.

2.

낙화의 향기

애덤 킹의 시구

하천에서 방류한 치어가 바다에서 성어로 살다 옛 기억을 더듬어 모천으로 귀향하는 연어의 일생을 보면 신기하다. 연어의 이런 신비한 회귀본능에 대해 생물학자들은 여러 가설을 들고 있다. 하지만 이런 현상을 해석하기엔 인간의 지혜에도 한계가 있는 것 같다. 귀신 같이 태어난 곳을 찾는 초능력은 꼭 그곳으로 되돌아가야겠다는 집념과 소망 때문일 것이다. 한낱 하찮은 물고기의 행위가 이렇듯 간절할진대 인간의 귀소성이야 오죽하랴.

요즘 가끔 해외 입양아들이 모천으로 돌아오는 연어 떼처럼 고국을 찾고 있다. 상실한 기억의 한편을 회상하며, 그들은 잃어버린 뿌리를 찾기 위해 일간지의 한구석에 애절한 사연으로 생모를 부르고 있다. 그러나 보고 싶다는 간절한 호소만 있을 뿐 재회의 눈물을 흘렸다는 소식은 들리지 않는다. 더러 만나고 싶어도 현실이 허락하지 않을 것이다. 죄책감과 양심적 가책이 상봉을 막을 수도 있다. 갖고 온 빛바랜 낡은 사진을 품고 되돌아가는 그들의 표정에서 상실의 시대 70년대가 생각난다.

당시에 나는 대학병원에 근무하는 수련의였다. 매주 하루는 시내 어느 허름한 건물 2층에서 시설아동들의 정기적인 건강진단을 하였다. 이들 중 일부는 길을 잃고 미아가 된 경우이고, 대부분은 이런저런 윤리적인 사연과 가난 때문에 의도적으로 버려져 복지시설로 넘겨졌다. 출산이 정상적인 아이도 있었고, 조산이나 미숙아로 태어난 아이도 있었다. 출생한 지 얼마 되지 않은 신생아에서부터 막 걸음마를 시작한 영유아에 이르기까지 부모를 잃고 버려진 사연도 다양했다. 건강한 아이들은 정상적인 성장발육을 하는지를 관찰하였고, 아픈 아이들에게는 치료와 처치를 해주었다. 가벼운 감기에 걸려있거나, 기관지 폐렴으로 고생하는 아이도 있었다. 어떤 경우는 선천성 기형을 동반하여 그 예후가 걱정스럽기도 했다. 맑은 눈망울을 굴리며 웃고 있는 건강한 아이들의 귀엽고 예쁜 얼굴이 아직도 눈에 선하다.

시설아동들은 치료받아 호전되면 외국으로 입양 준비를 해야 하고, 건강이 회복되지 않으면 기약 없이 차례를 기다려야 했다. 당시만 해도 해외입양에 대한 부정적인 시각이 없지 않았으나, 대부분은 남의 일로 별 관심을 두지 않았다. 전쟁의 상흔이 있었고, 빈곤국의 아픔을 경험했던 그 시절에는 버려진 어린 핏줄의 미래까지 걱정해야만 할 여유가 없는 것 같았다. 그들은 사회의 무관심과 당국의 비협조로 강보에 싸인 채 타의에 의해 이 땅을 등지고, 이국으로 다른 부모를 찾아가는 운명이 되었다.

삶이란 만 가지 슬픔과 만 가지 기쁨으로 채워져 있다고 했던가. 친부모로부터 버림받고 이별한 것이 만 가지 슬픔의 시작이었다면, 양부모를 만나 행복하게 자랄 수 있었던 것은 기쁨의 출발이었다. 어쩌면 그들에게는 그게 행운이었을지도 모른다.

이 땅이 버린 심신이 부자유스러운 낯선 아이를 받아준 외국인들한테 큰 빚을 졌다. 그들은 재물이 넘쳐 여유가 있는 것도, 외로울 만큼 자식들이 귀한 것도 아니다. 포기한 장애아를 기꺼이 받아들인 그들의 깊은 마음을 헤아리기는 어렵지 않다.

장애아를 거둬 준 어느 외국인은, '심신이 온전치 못한, 그래서 치료를 받아야 할 아이를 데려온 것은 병원의 치료보다는 가족의 사랑을 느끼게 하는 것이 더 소중하기 때문'이라 한다. 이 말은 어떤 회초리로 맞는 매보다 우리를 더 아프게 한다.

그들은 몸으로 낳은 자식과 꼭 같이 이들을 가슴으로 돌보았다. 사랑이 필요한 아이에게 사랑을 주고, 가족과 가정의 소중함을 알리며 그들을 키웠다. 이렇게 자란 아이들은 희생과 봉사를 실천하는 사회사업가로, 유능한 행정가로, 또 어떤 이는 시인이 되었다.

이들에게도 갈등의 순간은 있다. 사리를 판단하고 선악을 구별할 때가 되면 그들의 마음속엔 한바탕 파문이 인다. 생김새와 정서가 다르다는 걸 느끼면서 이질감을 갖고 마음 한 구석에는 생물학적 부모를 만나고 싶은 충동이 일어난다. 자신이 태어난 곳, 그곳이 아무리 척박하고 그들을 버렸던 인정이 메마른 곳이라도 한 번은 꼭 찾고 싶은 심정이 들 것이다. 해질녘 창가에 오롯이 앉아 혼란스런 마음으로 생각할 것이다.

'나는 누구이며 어디서 왔는가?' 하며 눈물을 흘렸을 거다. '내 부모는 어떤 사람일까?' 궁금했을 것이며, '왜 버렸지?' 하며 입술을 깨물었을 거다. 다시 마음을 진정하고 낳아준 그리고는 버린 부모를 만나 정체성을 확인하고 싶었을 것이다.

이런 기대를 갖고 찾아 온 그들에게는 실망과 좌절만 기다린다. 날 때부터 갖고 있던 신체적인 흔적과 퇴색한 사진 한 장은 친부모를 찾는데 별 도움이 되질 못한다. 입양기관에 넘겨진 희미한 기록에 의해 백방으로 수소문하다 별 성과 없이 발길을 돌린다. 친부모에 대한 정확한 정보 하나 확보해놓지 않은 입양기관이나 그 허술한 실태를 방관했던 당국 그리고 무관심했던 사회, 이 모두는 입양아들의 슬픔과 분노로부터 자유로울 수가 없다.

어느 해 연말, 스웨덴의 입양아 출신 어느 작가가 내한했을 때 자신의 정체성을 묻는 질문에 그는 이렇게 말했다.

"피는 물보다 진하다. 그러나 사랑은 피보다 더 진하다"라고.

언젠가 국내 프로야구의 개막전이 있던 날, 양쪽 다리에 의족을 한 소년이 투수 마운드에 올라와 축하 시구를 했다. 소년은 실로 오래간만에 의족으로 고국의 흙을 밟으면서 만감이 오가는 착잡한 심정이 들었을 거다. 장애아를 헌신적으로 보살펴준 외국인 양부모에 대한 은혜를 고맙게 생각하며, 자신을 버린 이 사회에 대해 분노를 가졌을 것이다.

소년은 포수를 향해 힘차게 공을 던졌다. 그것은 포수에게 던진 야구공이 아니고, 외국으로 떠넘긴 무관심한 이 사회와 이 땅의 비정한 사람들을 향해 던진 저항의 메시지인지도 모른다. 소년은 당시 나이 11살인 오인호, 이 땅이 버린 선천성 신체장애아인 애덤 킹이었다. 우리 모두 언제쯤이면 이에 대한 원죄로부터 벗어날 수 있을까.

후회 그리고 추억

매일 똑같이 반복되는 의국생활은 정말 지루했다. 아침 일찍 출근하여 병실 입원환자 회진부터 시작되는 하루 일과는 저녁 늦게 그날 환자 상태에 대한 정리가 끝날 때까지 계속되었다. 긴장된 시간 속에서 재미있고 즐거운 일이라고는 찾아볼 수가 없었다. 물론 경제적인 여유가 없던 당시는 먹고 살기에 바빠 여가를 즐길 분위기가 아니었다.

그런 어느 날, 힘들고 단조로운 의국생활의 권태감에서 잠시 벗어나자는 기발한 아이디어에 모두가 흥분했다. 특별한 이벤트나 즐길만한 오락이 없던 시절에 언제부터인가 축구 붐이 일었다. 며칠 후에는 유명한 외국 프로 축구팀이 내한하여 이 지방까지 와서 친선 경기를 한다고 매스컴마다 외국선수들의 기량을 선전하며 유혹하고 있었다. 그때까지만 해도 외국 프로팀의 축구경기를 직접 관전한다는 것은 드문 일이었다. 세계적인 스타플레이어의 신기에 가까운 기술을 직접 확인하자는 의국원들의 중지가 심사숙고 끝에 모아졌다.

이런 천재일우의 기회를 놓치면 두고두고 후회할 것이고, 차제에 우리들의 단결력도 한 번 다져보고 싶었다. 밀폐된 병원공간에서 잠시 벗어나 재충전의 기회로 머리도 한 번 식혀 보는 것이 앞으로의 근무에 좋은 영향을 미칠 것이라는 긍정적인 해석이 우세하였다. 그래서 며칠 전에 어렵사리 입장권을 예매하고, 축구경기장으로 행차할 날만 기다렸다.

하지만 걱정이 없을 수가 없었다. 근무시간이 끝나기도 전에 단체로 병원을 비우는 것은 공식적인 학회 때나 있을 일이지, 운동경기를 보기 위해 조기 퇴근한다는 게 영 찜찜하고 마음에 거슬렸다. 물론 의국원 A가 혼자 의국과 병실을 지키기로 자원하였으나, 만약 응급실과 병실에서 동시에 급한 상황이 벌어진다면 어떻게 할 것인가. 또 퇴근하지 않은 교수님들이 불시에 의국에 들르거나 호출이라도 한다면 그 감당을 어떻게 하느냐고 소심파인 B가 늦게 이의를 제기했다.

당시에는 요즘 같은 무선 호출기나 휴대폰 같은 편리한 통신

수단이 없던 때라 연락할 길이 없었다. 걱정은 되었지만 며칠 간의 평화로운 분위기로 보아 급한 일이 일어날 가능성은 희박했다. 그래도 불안과 근심이 떠나지는 않아 여러 묘안과 대책이 나왔다. 의국장이 미리 연구실로 올라가서 대충 분위기를 살펴보고, 병실과 의국에 별 이상이 없다는 보고를 먼저 하여 찾지 않도록 선수를 쓰고 퇴근하자는 의견도 나왔다. 모처럼 기회이니 교수님도 함께 동행 하자고 정면으로 돌파해 보자는 건의도 있었다. 그러나 평소에는 하지 않던 병실 보고를 미리 한다는 것도 그렇고, 아무래도 긁어 부스럼 만드는 위험한 발상이라 잘못하면 모든 계획이 수포로 돌아간다고 반대하는 생각도 만만찮았다.

이럴까 저럴까 우왕좌왕하고 있는데 바둑이 고수인 C가 "장고 끝에 악수난다. 그만 따지고 가자"고 그동안 참았던 무거운 입을 여는 바람에 모든 근심 걱정을 뒤로 한 채 우리는 훤히 밝은 낮에 병원 문을 나서는 만용을 부렸다. 하여튼 기분은 좋았다. 준비도 철저히 하였다. 저 년차는 안주로 오징어다리를 들었고, 중 년차는 소주 몇 병을 주머니 속에 챙겨 넣었으며, 고 년차는 맨손으로 휘파람까지 불며 봄날 꽃놀이 가듯이 기분 좋게 나섰다.

막 경기장에 도착하니 벌써 인산인해였다. 외국 초청팀의 명성에 걸맞게 구경 나온 사람들로 만원이었다. 역시 우리는 오길 잘했고, 우리의 판단이 예리하였다는 듯이 자화자찬하는 흐뭇한 표정이었다. 보안 검색을 하며 정문을 통과하는데 걸리는 지루한 기다림이 전혀 불편하거나 성가시지가 않았다. 곧 보게 될 환상적인 묘기를 생각하면 이 정도는 능히 참을 수 있었다. 오히려 소주병 하나 뺏기지 않고 유유히 관문을 통과한 우리들의 수완에 스스로 감탄하며 희희낙락거렸다.

전망이 괜찮은 스탠드 중앙에 자리를 잡았다. 직사각형 초록색 천연 잔디 위에서 가볍게 몸을 풀고 있는 선수들의 몸놀림은 바로 예술이었다. 황홀한 그들의 동작에 넋을 잃고 바라보니, 안 왔으면 얼마나 억울하다고 후회했을까 하는 생각도 들었다. 오랫동안 추억에 남을 이 좋은 경기를 보지 못하고 혼자 병실을 지키고 있을 가련한 A를 동정하는 여유를 가졌다. 또 연구실에서 논문 준비를 하고 있을 교수님에게는 죄송스런 마음이 들었다.

아직 킥오프까지는 얼마간 시간이 있고, 모처럼 야외에 소풍 나온 것 같은 들뜬 기분이었다. 이내 소주와 오징어가 나오면서 고 년차에서부터 저 년차로 잔이 흘러내리기 시작했다. 다들 한두 모금씩 목을 축이니 머리가 핑 돌고, 시야가 조금씩 흐려지기 시작했다. 이때였다. 아직 햇빛은 스탠드 한편에 남아 있는데, 얼마 전부터 한 손에 입장권을 들고 좌석을 찾고 있는 낯익은 뒷모습이 희미한 시야에 들어왔다. 잠시 후 뒷모습이 좌석에 앉는 순간, 시선이 우리와 정면으로 마주쳤다.

아! 이럴 수가. 지금쯤 연구실에 있을 우리의 교수님께서 이 자리에 나타난 것이다. 마셨던 술기운이 확 가시고, 우리는 불안한 마음으로 모두 일어서 약간 떨어진 교수님 곁으로 다가가서 말없이 고개 숙여 인사하고는 다시 자리로 돌아왔다.

'아, 우째 이런 일이….'

이때부터 경기 관전에는 완전히 관심이 떠났다. 내일 아침에 불어 닥칠 급박한 상황을 생각하면 머리가 아팠다. 선수들의 환상적인 묘기도 눈에 들어오지 않았고, 흥분한 관중들의 함성도 들리지 않았다. 그렇다고 위기를 면할 묘한 대책이 생각날 리도 없었다. 오직 내일 아침이면 터질 문책에 대한 걱정과 고민뿐이었다.

다음날 아침, 마음에 준비를 하고 좌불안석으로 호출과 질타를 초조하게 기다리고 있었다. 그러나 조용하였다. 회진시간에도, 외래진료시에도 아무 말이 없었다. 다음날도, 그 다음날도 예전 같이 그대로 흘러갔다.

얼마나 서운하였을까. 그토록 어려워했던 교수님과 함께 운동 경기나 연극, 음악회를 같이 가는 여유와 즐거움이 있었다면 우리들의 의국생활은 얼마나 풍요로웠을까. 지금도 그것이 후회스럽다.

마지막 환자

겨울로 접어드는 늦가을이었다. 길 위에는 노랗게 물든 은행잎이 바람에 날고, 허공에는 빛바랜 벽오동 잎새가 지지 않고 며칠째 매달려 있었다.

해질 무렵, 진료를 끝내고 자리에서 막 일어서는데 그날의 마지막 환자가 왔다. 창백한 얼굴에 바짝 마른 아이가, 그보다 더 지쳐 있는 노인의 휜 등에 업혀 숨이 차서 괴로워하고 있었다. 허약하고 수척한 노인의 표정에는 그동안 힘들게 살아온 인생의 표적이 뚜렷이 보였다. 그리고 아이도 동심의 밝고 명랑함이 지워져 있었다.

우선 응급으로 산소를 공급하며, 증세가 언제부터 시작되었는지 물었다. 그러나 노인이 알려주는 아이의 지난 병력에 대한 정보는 별 도움이 되질 않았다. 아마 갓 돌을 지나면서 영양실조와 잦은 호흡곤란으로 고생했고, 그때마다 잠시 응급처치를 받고는 고비를 넘기곤 한 것 같았다. 잠시 후 병세가 조금 호전되니, 기다렸다는 듯이 집으로 데려갈 준비를 서두르고 있었다. 상태가 좋아졌다고 치료를 중단하면 더 위험하니 며칠간 입원치료가 필요하다고 설득했으나, 노인의 고집을 꺾을 수 없었다. 집에서 복용할 며칠 분의 약을 주고는 만약 심해지면 빨리 병원을 찾으라고 당부를 했다.

며칠이 지나 그 아이가 잊혀 질 때쯤, 응급실에서 급한 연락이 왔다. 예감이 그 아이일거라는 생각으로 급히 갔다. 구부정한 허리에 주름이 깊게 진 노인은 초면도 아닌데 나를 처음 본 사람처럼 표정이 없었다. 병상에 누워있는 아이도 전번보다 증세가 더 심했다. 약한 맥박과 새파란 입술을 하며, 온몸은 땀에 젖어 오한으로 떨고 있었다. 그동안 고생한 심장병에 의한 합병증이 악화되어 어쩌면 오늘밤을 넘기기가 어려울 것 같았다. 노인을 설득하여 빨리 입원 시켜 최선을 다해 보자고 했다. 어렵게 입원 수속을 마치고 필요한 몇 가지 검사를 해보니, 예상대로 회복이 거의 어려울 정도로 상태가 진행되어 있었다.

그러나 며칠을 지나니 아이는 식사를 조금씩 하고, 호흡도 한결 부드러워지며 안정을 찾는 듯했다. 노인도 편안한 마음으로 성경책을 보거나 낮은 목소리로 찬송가를 부르는 여유를 가졌다. 노인은 계속 마음의 문을 잠근 채 대화에 응하지 않았고, 나도 더 이상 아이의 지난 병력에 대한 궁금증을 접어버렸다. 오로지 아이의 회복만을 바라면서.

며칠 후, 밤에 당직을 하고 있는데 뜻밖에도 그 노인이 찾아왔다. 평소에 말수는 적고 행동은 조용한 그 노인은 한결 부드러운 표정을 지으며, 굳게 닫았던 마음을 열기 시작했다.

"어릴 때, 가족을 불의의 사고로 잃고 혼자 외롭고 어렵게 살아왔습니다. 떠난 가족을 잊지 못하고, 힘든 공사장에서 막일을 할 때였습니다."

지난 사연을 이야기하는 노인의 얼굴은 다시 어두워졌다. 힘든 세상에 갖은 고초와 역경을 넘긴 노인은 한 번이라도 따뜻한 사람이나 포근한 정을 느껴보지 못했던 것 같았다. 항상 고독과 좌절이 마른 가슴속을 태웠으며, 사랑을 받아보지 못했으니 줄줄도 몰랐다.

그런 그에게 어느 날 사랑이 찾아왔다. 공사장에서 음식을 나르던 한 여인과 눈이 맞았다. 여인의 한마디 위로가 가뭄의 논바닥처럼 메말라버린 그에게 단비 같은 사랑을 부어 주었다.

외로움은 금방 행복과 사랑으로 채워졌고, 늘그막에 혈육까지 하나 생겼다. 고된 생활이었으나 즐겁기만 했다. 그러나 우연히 오다가다 만난 그 여인은 걸음마를 막 시작하려는 허약한 흔적 하나를 달랑 남기고, 어느 날 말없이 홀연히 사라져버렸다.

어미를 잃은 아이는 빼앗긴 애정만큼이나 성장발육이 늦어지고, 영양상태도 부실해졌다. 할아버지 같은 아버지가 손자 같은 아들을 데리고 살아가는 생활이란 고난의 연속이었다. 가난한 집에 찾아오는 제사처럼 아이는 자주 아팠고, 그때마다 힘겨운 투병생활이 계속되었다. 심장병으로 심각하다는 말을 들은 것은 외래를 찾아오기 얼마 전이었다.

지난 세월을 회상하는 노인의 얼굴에는 금세 눈물이 고였다.

"선생님, 하나밖에 없는 혈육입니다. 약속해 주십시오. 살릴 수 있다고…."

그동안 얼마나 하고 싶었지만 참았던 말이었을까. 그 부탁이 그렇게 힘들었을까.

"기도하는 마음으로 최선을 다하면 좋아질 겁니다."

차마 노인의 희망을 버릴 수 없어 안심을 시켰다. 노인의 얼굴은 가을볕에 말린 대추알처럼 주름이 깊었으며, 등과 허리는 활처럼 휘어져서 금방이라도 끊어질 것 같았다.

온갖 정성을 다 했으나, 며칠이 지나도 아이의 병세는 쉽게 호전이 되질 않았다. 오히려 심장의 기능은 점점 악화되고, 신장의 역할도 한계에 닿은 느낌이었다. 맥박은 점차 가늘어지고, 호흡은 점점 힘들어졌다. 하지에는 밀가루 반죽을 엄지손가락으로 눌린 것처럼 깊은 자국의 부종이 생겼다. 노인의 표정 없는 얼굴을 볼 때마다 실망과 좌절감을 느꼈다.

입원한 지 열흘쯤 되었다. 며칠 있으면 희망찬 새해를 맞이한다고 들떠있던 어느 날 밤, 아이의 상태에 이상이 온다는 급한 보고가 왔다. 심부전증에 의해 심폐의 작동과 신장기능이 거의 회복불능 상태였다. 이뇨제나 디기탈리스에 대한 반응이 전혀 나타나질 않았다. 전신에 생긴 부종으로 얼굴조차 분간하기 어려웠다. 창백한 입술에 호흡이 힘들었으며, 맥박도 점차 희미해져 갔다. 아이의 생명은 이미 멀리 떠나가고 있었다.

동물적 본능이었을까. 아이는 사경을 헤매면서도 한 손에 장난감을 든 채, 초점 잃은 눈망울로 노인의 거친 손바닥을 더듬고 있었다. 부자간에 무슨 이야기를 주고받는 것 같았지만 잘 들리지 않았다. 아이를 혼자 남겨두고 차마 눈을 감을 수 있을까 걱정했을 노인이, 자신을 두고 먼저 떠나는 아이의 운명을 애절한 슬픔으로 서로를 위로하는 것 같았다. 장난감을 잡고 있던 아이의 작은 손도, 성경책을 들고 있던 노인의 거친 손도 가벼운 경련으로 떨고 있었다.

노인의 표정은 나에 대한 신뢰와 믿음 대신 원망과 질책으로 굳어 있었다. 후회와 절망, 자책과 체념으로 심정이야 목 놓아 울고 싶었겠으나, 끝내 눈물을 적시지 않았다. 하찮은 삶을 살면서 눈물 한 방울 만들 여유가 없을 정도로 마음이 말랐을까. 무심한 주름진 얼굴에 일그러진 표정이 슬픔과 실망을 표현하는, 그리고 나에게 항의하는 전부였다. 그러면서 꿈같은 기적과 소생을 바랐을 뿐 의사의 무능도 환경에 대한 증오도 잊은 채 부자간의 인연의 고리를 끊고, 생사의 갈림길에서 해방되어 평화를 찾으려고 애쓰는 것 같았다.

아이의 의식이 차츰 혼미해져 갔다. 가슴에 얹은 마지막 청진기에서 아이의 심음 대신 노인의 찬송가가 희미하게 들려왔다. 나의 정성과 능력이 부족해서인지, 노인의 기도가 모자라서인지, 아니면 그것이 아이 운명의 한계였는지, 한 해가 저무는 어느 날 아이는 그렇게 떠나갔다.

희로애락이 인간의 느낌이고, 생로병사가 자연의 이치이듯이 그리고 회자정리가 인생의 무상함이듯이, 그 아이의 죽음은 이승과의 이별이었고, 노인과의 마지막 작별이었다. 아이는 삶에 대한 미련과 애착의 굴레에서 벗어나 조용히 눈을 감았다. 웃는 날보다는 눈물 흘린 날이 많았고, 즐거운 시간보다는 슬픈 순간이 많았던 그의 짧은 생애는 이렇게 졌다.

날이 밝았다. 바람이 부는 병실 창 너머로 메마른 벽오동 가지에는 잎사귀 한 잎 남아있지 않았다. 아이가 누워 있던 창 곁에는 낡은 성경책이 있고, 그 위에는 주인 잃은 플라스틱 인형이 놓여 있었다. 노인의 가슴속에 묻힌 채 피어 보지도 못하고 져버린, 지금까지 살아온 날보다 앞으로 살아갈 날이 몇 배나 많이 남은 그 아이의 나이는 일곱 살, 너무나 아쉬운 미운 일곱 살이었다.

아이 어머니들

어제 오후, 대기실 놀이터 쪽에서 '쟁그랑' 유리 깨지는 소리가 났다. 잠시 전에 상습적으로 설치는 아이들이 보이길래 혹여 무슨 일이라도 날 것 같은 예감이 들었는데 드디어 일을 저지르고 만 것 같다.

'무엇이 깨졌을까?' 걱정하기보다, '혹시 다치지는 않았는지?' 불안해하는 것은 혹시 있을지도 모를 후환이 두려워서이다. 다행히 다치지는 않았으나 문제는 생겼다. 차례를 기다리다 지친 한 아이가 실내에서 장난을 치다 물컵을 떨어뜨렸다. 조용히 하라고 몇 번 주의를 주었는데도 기어코 일을 저질렀다며 급히 달려간 조무사가 그 아이를 나무랐다. 옆에서 이 광경을 지켜보던 아이의 어머니가 몹시 화가 났다.

"물어주면 될 것 아냐. 이 물컵이 얼마나 비싸다고 애 기를 죽여."

대기실 바닥에는 엎질러진 물과 함께 흩어진 유리조각이 널려있다. 흥분한 어머니는 아이의 진료도 포기한 채 나가버렸다.

자식을 키우며 가르치는 부모들의 자세나 입장은 나라마다 다른 것 같다. 일본사람들은 주위에 피해를 주는 행동은 자제하게 하고, 항상 예절을 지키도록 강요한다. 미국 부모들은 어릴 때부터 남에게 의지하지 않고 홀로 설 수 있는 독립심을 기르도록 가르친다. 이와는 달리 우리나라 어머니들은 항상 남의 아이들과 견주며 키운다. 남보다 앞서야 마음을 놓고, 다른 아이보다 부족하면 불안해한다. 어릴 때부터 아이의 기를 살려야 하고, 다른 사람들이 기를 죽이는 것을 싫어한다. 부모나 아이나 스트레스를 안고 자란다.

오늘 오전에 학교 갔다가 열이 나서 조퇴했다고 어머니가 아이를 데리고 왔다. 약을 먹고 집에서 쉬라고 하니까 바로 학원에 가야 된단다. 학교는 쉬어도 학원은 빠질 수가 없다는 어머니를 설득하고 있는데, 갑자기 조용하던 대기실이 소란해진다. 처음에는 아이들끼리 다투는 소리가 들리더니 곧 울음소리로 변한다. 잠시 후 어머니들의 고성이 이어지면서 사태가 심각한

쪽으로 가는 것 같다. 신경이 온통 그쪽으로 옮겨진다.

사건의 발단은 의외로 단순하다. 갖고 놀던 장난감을 옆에 있는 아이가 만져보았다.

"내 것인데 왜 마음대로 남의 물건에 손을 대느냐"는 한 아이의 항의에, "그 까짓 장난감 한 번 만져보면 닳느냐"고 맞받았다. 장난감을 두고 옥신각신 말다툼을 하다 끝내 분을 참지 못한 두 아이는 동시에 울음을 터뜨렸다. 급기야 옆에서 관망하던 두 아이의 어머니가 나서기 시작했다.

"뭐 그리 대단한 물건이냐?"는 한 아이의 어머니 말에, "그렇게 대단하지 않으면 하나 사주면 되지 않느냐?"

어머니끼리의 대화의 수준이 아이들과 똑같다. 흥분한 양쪽의 목소리가 점점 커지고, 졸렬한 시비는 끝날 줄 모른다. 분위기가 살벌해진다. 옆에서 이 광경을 지켜보던 몇몇 아이들과 어머니들은 잔뜩 마뜩찮은 표정이다. 이런 싸움에 끼어들면 무슨 험한 소리라도 들을까봐 눈치를 살피고 있다. 뜻하지 않은 낭패를 당하지 않으려면 이런 사건에는 개입하지 않는 것이 상책이라는 듯 철저히 중립을 지킨다.

한참을 지켜보다 원장의 표정을 읽던 마음 여린 조무사가 양측의 화해를 시도해 보려 하나 약이 오른 그들은 평화적인 타협을 매몰차게 거절해버린다. 음성이 날카로워지고 말투가 점차 거세지자 순서를 기다리던 다른 어머니들은 불쾌한 감정을 감추지 못하고 하나둘씩 병원 문을 나가버린다.

때늦은 감이 있으나, 상황이 이토록 악화되었는데도 원장이 침묵을 지키는 것은 도리가 아니다. 어떤 보호자는 원장의 직접적이고 확실한 개입을 마음속으로 원하고 있는지도 모른다. 이럴 때 중립을 취하며 방관자의 입장에 서는 것은 기회주의자로 오해를 사며, 대기실의 평화를 유지하는데도 전혀 도움이 되질 않는다. 분위기를 잘 파악하고 시시비비를 가려야 하는데 이런 경우엔 흔들리지 않는 의지와 용기가 필요하다. 요즘이 어떤 세상인가. 섣불리 개입했다간 완전히 망신만 당한다. 최대한 신중한 그리고 중립적인 입장을 지키며 양측의 의사를 타진해 본다.

“뭐 그리 중요한 물건이라고 그렇게 야단인지 모르겠네요.”

“예. 아주머니 말이 맞는 것 같습니다.”

“뭐라고요. 중요하지 않은 물건이라면 조용히 사주면 되지 왜 만지는 거예요.”

“예, 어머니 말도 일리가 있는 것 같습니다. 그러나 아픈 아이들이 있는데서 음성을 높이고 싸우면 다른 사람들의 기분이 상하게 됩니다. 서로가 남의 입장을 내 입장이 되어 이해를 하셔야지요. 우리 아이가 귀여우면 남의 아이도 귀여운 법입니다."

내 말이 거슬렸던지 '아이 시비'를 '어른 시비'로 키워 대기실을 소란스럽게 했던 그 사람들은 그 후로 다시는 나타나지 않았다.

오후가 되자 오랜만에 민이 어머니는 민이가 열과 기침이 난다며 데리고 왔다. 민이 어머니는 민이만한 나이부터 계절이 바뀌면 감기를 달고 살아 병원을 들락거렸다. 결혼한 후로는 건강해지고 대신 가끔 민이를 데리고 온다. 어머니의 손에 잡혀왔던 아이가 어머니가 되고, 아이를 데리고 왔던 어머니가 할머니가 되도록 세월이 많이 흘렀다.

"선생님은 그때나 지금이나 변함이 없네요. 세월을 먹지 않고 그대롭니다."

민이 어머니는 남을 편하게 한다.

왜 세월을 먹지 않았겠는가. 점차 늘어가는 흰머리와 주름살 때문에 가는 세월이 무서울 지경인데. 나의 아픈 마음을 건드리지 않고 덮어주는 민이 어머니의 마음씨가 어릴 때처럼 착하다. 세상이 매정해도 마음이 따뜻한 사람들이 많이 있다. 아무리 밥에 미가 많다고 하나 역시 미보다는 쌀이 많은 법. 남의 입장을 이해해 주는 사람들을 만나는 보람으로 세월을 보낸다.

인연과 악연

오랫동안 천식으로 고생하는 남편과 같이 병원을 방문하는 부인은 작년에 환갑을 넘겼다. 그동안 마음고생이 심했던 것에 비하면 젊어 보인다. 처음에는 한동안 부부가 같이 내원 하였다. 요즘은 부인 혼자 와서 그동안 남편의 건강상태를 알려주고 처방전을 받아 갈 정도로 안정이 되었다. 남편은 바다가 보이는 조용하고 공기 좋은 시골에서 전원생활을 하면서 기관지 천식을 다스리며 요양하고 있다.

이들 부부는 남해의 조그마한 어촌에서 함께 자랐다. 부부간의 특별한 인연이 있었던지 마을사람들의 중매로 쉽게 결혼을 한 이들은 과년한 딸 둘을 두고 있다. 동네에서는 천생연분이라 했다. 남편은 몇 해 전에 오랜 공직생활을 끝내고 별탈없이 정년퇴직을 했다. 드물게 보는 깨끗한 공직자인 것 같은데 부인의 생각은 다르다. 천하에 융통성 없고, 고지식한 사람으로 여기고 있다. 이런 점도 남편에 대한 불만이다.

부인보다 서너 살이 많은 남편이 천식으로 고생하기 시작한 것은 거의 20년이 가까워 온다. 성격이 직선적이면서 내성적이고, 보기 드물게 효심이 강한 남편은 어느 날 연로한 부모와 다툰 후에 심한 충격과 스트레스로 화병이 들었다. 그 후 호흡곤란과 천식으로 진행되었다고 한다. 원인이야 확실하지 않으나 당시에 받은 마음의 상처가 기관지 천식과 전혀 무관하지는 않은 것 같다.

심한 해소 기침으로 호흡이 힘든 그를 처음 만났을 때는 말이 별로 없고 표정이 차가웠다. 고통스러워하는 신체적인 상태를 감안해도 접근하기가 편하지 않았다. 처방 내는 약도 기분이 내키지 않으면 복용하지 않고 고집을 부렸다. 병과 싸워서 이겨 보겠다는 의지도 약해 보였다. 어떤 때는 삶에 대한 회의를 느끼며 자포자기 했다. 내가 보기에도 답답한데 항상 같이 지내는 부인의 심정은 어땠을까. 남편의 이런 모난 성격도 마음에 들지 않았다.

건강한 사람과도 살다보면 마찰이 생기는데, 천식으로 고생하는 남편과 옆에서 시중드는 부인 사이에는 사흘이 멀다 하고 의견 충돌이 있었다. 별로 심각한 일도 아닌데 한쪽에서 트집을 잡으면 며칠 동안 불만이 쌓였다. 결코 좋은 인연이 아니라고 그들은 생각했다. 이런 불화는 천식을 더욱 악화시켰고, 이런 악순환은 계속 되었다.

남편을 자주 만나니 여러 가지 장점도 보였다. 남에게 피해를 주거나 신세 지는 것을 싫어하는 성격이었다. 남의 사정을 이해하는 잔정이 있었으며, 남의 아픔을 알아주는 따뜻한 면도 보였다. 남이 잘할 때는 격려하고 칭찬도 아끼지 않았다.

천식이란 원래 그런 병이다. 멀쩡하다가 갑자기 호흡곤란이 오고, 기침이 심하고 숨이 차다가도 약이 들어가면 호전이 되기도 한다. 이런 증세가 나타나면 초조하고 예민해진다. 남편의 고통을 지켜보는 부인은 더 힘들었다. 정년퇴직을 하고 계속된 치료로 약간 상태가 호전 되면서 복잡한 도시생활을 접고 공기 맑은 시골로 들어갈 생각을 했다.

편리한 도시생활에서 불편한 전원생활로의 변화에 처음에는 적응하기가 다소 어려웠다. 물 맑고 공기 좋은 산비탈의 넓은 땅에 집을 짓고, 나무를 심고, 가축을 길렀다. 주위의 자연환경은 건강에 좋았으나, 가축에서 나는 보이지 않은 털은 남편의 천식을 악화시켰다. 그럴 때는 밤중에라도 인근 읍내에 있는 병원 응급실을 찾아 기관지 확장제 주사를 맞거나 산소마스크로 응급 처치를 받아야만 했다. 부인은 가축을 멀리 하자고 하였으나 남편은 막무가내였다. 이런 남편의 고집도 마음에 차지 않았다.

그동안 옆에서 간병 하던 부인의 정성은 대단했다. 까다로운 남편의 성격을 맞추느라 많은 애를 태웠다. 남편이 야밤에 갑자기 호흡곤란으로 고통이 심하면 옆에서 간호하던 부인이 더 괴로웠다. 몸이 힘들어지면 아침저녁으로 변하는 신경질적인 성격으로 스트레스는 점차 쌓여만 갔다. 이것도 남편을 위하는 것이라고 생각하면 변덕 심한 그가 한편 측은하다는 생각이 들었다.

그 시골 동네에는 아흔이 다 되어 가는 시아버지가 살고 있다. 남편인 아들보다 더 정정하며 건강한 생활을 한다. 건강하지만 워낙 성격이 칼칼하고 급하며, 격식을 차리는 분이다. 요즘도 외출을 하면 대문까지 나가 전송을 하고, 귀가하면 안방까지 따라가 "잘 다녀오셨느냐"고 큰절을 올려야 한다. 젊었을 때는 조금이라도 마음에 들지 않으면, "매를 맞고 살았다"고 할 때는 거짓말처럼 들렸다. 병든 남편의 수발에, 힘든 시집살이로 보낸 세월이 너무 야속하고 억울하다고 후회한다.

요즘도 정신적으로 힘들고 육체적으로 고단하면 "내가 왜 이렇게 살아?" 하며 뉘우친다. 지금까지 남편을 위해 헌신적으로 살아왔는데도 따뜻한 위로의 말 한 번 한 적이 없는 남편이 원망스럽기도 하다. 간병이 힘들고 짜증이 나면 두 딸을 시켜, 남편한테 "엄마와 이혼하라"고 권유하기도 한다. 차마 자기 입으로는 말을 못하겠다면서.

쌕쌕거리며 숨이 차서 투정을 부리는 남편 곁에서 밤을 새며 간호할 때는 억울한 생각이 든다. '우리는 만나지 않았어야 했는데…' 하며. 그러다 날이 새고 잠이 든 창백한 남편의 얼굴을 바라보면 다시 생각이 달라진다. 그동안 함께한 세월을 생각하며, '이 사람이 나를 만나지 않았으면 누구를 만나 고생을 했을까?' 하고 눈시울을 적신다. 역시 만나야 할 운명이라고 생각한다.

평생을 같이 산 부부가 예사 인연으로 만난 사이인가. 부부 사이에는 악연도 인연인가. 황혼에 이별이 많아 노년기가 우울한 요즘, 부인의 심정은 착잡하기만 하다.

낙화의 향기

나뭇가지에 바람이 스치면 꽃잎은 허공을 맴돌다 살포시 땅에 떨어진다. 가지에 매달려 있을 때처럼 꽃잎은 떨어지면서도 향기를 잃지 않는다. 향기는 짧은 생을 마치고, 또 다른 세상으로 향하는 꽃잎의 마지막 흔적이다. 꽃끼리는 향기로 서로 대화를 나누지만, 향기가 꽃에만 있는 것이 아니다. 사람에게도 있다. 자신을 희생한 삶이 의미 있고 진솔했다면, 진한 향기를 느낄 수가 있다. 향기는 그 사람의 행적이며, 자취이다.

할머니는 오랜 세월을 누워서 지내는 아들의 처방을 받으러 가끔 진료실을 찾는다. 오랫동안 아들을 간병하느라 힘들 텐데, 항상 맑고 밝은 평화로운 표정이다. 어느 날, 사정을 잘 알면서도 나는 궁금했다.

"할머니, 힘들지 않아요. 무슨 소망이라도 있나요?"

"언젠가는 일어설 것이라고 기대하며, 희망을 갖고 살지요. 땅을 딛고 일어나서 걸을 겁니다."

할머니의 얼굴에는 여유가 있어 내가 편하다.

일흔을 훨씬 넘겼으나, 연세보다 젊어 뵈는 할머니를 처음 만난 것은 서너 해 전, 화창한 봄날이었다. 할머니는 예민해 보였고, 지쳐 있었다. 며칠째 밤잠을 설쳐 애를 태웠다고 하소연을 하였다. 평소에는 그럭저럭 지내다가 봄이 오면 피로하고, 신경이 날카로워 밤이 지루하다고 했다. 한숨을 쉬면서 지난 일을 이야기할 때도 다소 힘들어 보였다.

20여 년 전, 4월의 어느 봄날이라고 했다. 가족들은 저녁식사를 마치고 마당으로 나와 봄바람을 쐬었다. 뜰에는 벚나무가지를 떠난 꽃잎이 함박눈처럼 봄바람에 지고 있었다. 벚꽃 향기가 마당에 그윽했다. 이때, 객지에서 가정교사를 하며 대학을 다니던 아들한테 사고가 생겼다는 연락이 왔다. 밤늦게 학생을 가르치고 하숙집으로 귀가하던 중, 골목길에서 폭력배들한테 집단 구타를 당하고는 정신을 잃었다. 지나가던 행인의 신고로 응급실로 옮겨졌다. 아들은 좌측 뇌 손상을 입고, 의식을 잃은 채 위태로웠다.

아들은 장시간에 걸쳐 뇌수술을 받았고, 가족들은 실낱같은 희망을 갖고 소생하길 빌었다. 다행히 목숨은 구했으나 수족에 마비가 왔다. 의식이 회복되지 않는 채 퇴원을 하였다. 그 후 가족들의 병구완은 극진했다. 수술 후 3년 만에 눈을 뜨며 가족을 찾았고, 겨우 입을 열고 한마디 한말이 '엄마'였다.

할머니에게 시련이 닥친 것은 그때부터였다. 20여 년의 긴 세월 동안, 하지마비로 누워서만 지내는 아들 곁을 잠시라도 떠날 수가 없다. 삼시 세끼 밥을 챙겨야 하고, 목욕을 시키며 옷을 갈아 입혀야 한다. 기분이 상하면 식사를 거르고 투정을 부린다. 마음에 들지 않으면 세수를 거절한다. 할머니는 온갖 비위를 맞추며 아들을 달래느라 하루를 보내기도 한다.

의식은 있으나 언어장애로 직접대화는 어렵고, 눈치로 대강 의사소통을 하고 있다. 글자는 물론 아라비아 숫자까지 잊었다. 날짜와 세월의 흐름은 어림으로 대충 안다. 결혼 못한 나이든 아래 동생을 걱정할 때는 할머니는 속으로 눈물을 흘린다. 이런 고초를 한 번도 내색해 본 적도, 이웃에 하소연 해 본 적도 없다. 혼자만 삭이고 있다.

날씨가 흐린 밤에는 할머니는 더욱 큰 곤혹을 치른다. 신경이 예민해져서 한 차례 경련을 한 후 식은땀을 흘리며 "아버지는 어디 갔느냐"고 아들은 떼를 쓴다. 이럴 때 할머니는 '내가 왜 사나, 전생에 무슨 죄를 지었는지' 한숨을 쉬며, 가슴에는 멍이 하나씩 늘어난다. 이런 밤에는 지병인 관절염은 악화되고, 통증으로 밤을 샌다.

어릴 때는 남부럽지 않게 귀엽게 자랐다. 고통이나 역경은 남의 일처럼 알았다. 사범학교를 졸업하고 교사로 근무할 때만 해도 어려움을 몰랐다. 결혼하여 자녀를 키우면서도 행복했다. 건강하고 착한 모범생 큰아들은 대학에 수월하게 진학하였고, 장래의 부푼 꿈을 기대하고 있을 때 불의의 사고를 당하였다. 고생 모르고 자란 이 할머니에게는 너무 큰 충격이었다.

할머니의 시련은 너무 가혹했고, 고통과 슬픔은 연달아 계속 되었다. 불같이 급한 성격의 남편은 고혈압으로 쓰러졌다. 후유증으로 식물인간이 되어 몇 년을 고생하다 세상을 떠났다. 그 후 치매가 온 시어머니의 수발을 들며 몇 년을 보냈다. 식물인간이 된 남편의 아내로서, 치매가 온 시어머니의 며느리로서, 장애인 아들의 어머니로서 지나다 보니 세월은 그렇게 흘렀다.

역경과 인고의 세월을 말없이 보낸 할머니도 이제는 백발이 되었다. 편안한 마음으로 할머니가 낡은 피아노 건반을 두드리면, 듣고 있는 아들은 "우리 엄마 참 멋지다"고 흐뭇해한다. 외로운 모자간에 가끔 느끼는 행복한 순간이다. 마흔이 넘어 걷지 못하고 누워 있는 아들에게 할머니는 간절한 소망을 갖는다. 편한 신발 한 켤레 신겨 따뜻한 봄날에 손잡고 걸어보는 것이 마지막 꿈이고, 소원이다.

할머니가 아들의 처방을 받으러 진료실에 들어오면 지는 벚꽃에서처럼 향기가 난다. 방금 아들에게 식사를 주었거나 목욕을 시켰는지, 할머니의 땀에 젖은 몸에는 낙화의 향기가 묻어 있다. 자신을 희생하며 가족을 돌보았던 헌신적인 세월의 흔적이 그 속에 들어 있다.

할머니는 봄꽃이 질 무렵이면 한 차례 가슴앓이를 한다. 장애인 아들을 혼자 두고 어떻게 눈을 감을까 불안하다. 사고가 났던 이맘때가 되면 할머니는 초조해지고, 얼굴은 굳어진다.

"내가 세상 뜨면 저 아이 처방전은 누가 받으러 오지. 누가 밥을 먹이며 목욕을 시키고, 옷을 갈아입히지?"

할머니의 눈가에는 이슬이 맺힌다.

"그래서 할머니는 아들이 일어 설 때까지 오래 사셔야 합니다."

더 이상 내가 할 수 있는 말이 없다. 그저 안타까울 뿐이다. 낙화의 향기는 바람결에 떠돌지만, 할머니에게서 나는 향기는 내 마음속에 오래 머물러 있다.

어느 이별

그날 밤 우리는 오래간만에 즐거운 시간을 가졌다. 연말이 되니 가는 세월이 더욱 아쉽고 절실하게 느껴졌다. 그래서 모처럼 마련한 소중한 자리였다. 서클에서 준비한 망년회였으며, 또 한해를 보내야 하는 아쉬움은 있었지만 그날의 분위기는 좋은 편이었다. 저녁식사를 마치고 그냥 헤어지기가 섭섭해 다시 노래방으로 자리를 옮겼다.

평소에도 항상 마음이 푸근하고 낙천적인 선배는 그날따라 적당하게 취한 상태에서 기분이 상당히 좋아 보였다. 마이크를 잡고는 같은 곡을 몇 번이나 불렀다. 처음 들어보는 노래인데도 전혀 생소하지가 않았다.

'이 세상에 올 때 내 맘대로 온 건 아니지마는 이 가슴엔 꿈

도 많았지….'

어느 가수가 부른 「인생」이라는 가요인 것을 안 것은 잠시 후였다.

"이 선생, 참 좋지. 어쩌면 우리 인생살이의 경우와 꼭 같은지. 가사가 내 마음에 들어."

선배는 세상살이 걱정 없이 마냥 행복하게 보였다.

선배를 처음 만난 곳은 골프장에서였다. 일주일 동안 진료실에 갇혀 있다 휴일 오전 한나절 맑은 공기를 마시며 걷고 담소하다 우연히 만났다. 얼마 동안은 선배로서 다소 어려웠으나 자주 만나다보니 쉽게 친해졌다. 마음이 너그럽고 따뜻하다는 생각도 곧 갖게 되었다. 18홀을 돌 때마다 많은 것을 가르쳤다. 한 번씩 찾아오는 위기를 슬기롭게 넘기는 기지도 배웠다. 서둘지 않으면서도 늦지 않는 지혜도 알았다.

선배는 절대 다수가 '예'라고 할 때, 혼자 당당하고 외롭게 '아니다'라고 말할 수 있는 용기와 소신이 있는 분이었다. 위세와 권위에 굴하거나 눈치 보지 않고, 힘없는 자들 위에 군림하거나 괴롭히지도 않았다. 말발이 서지 않는 소외된 약자의 편에 서서 고통을 이해하고 아픔을 같이 하였다. 항상 남의 입장을 헤아리고 남을 배려하는 따뜻한 마음을 간직하였다. 행동이 결코 가볍지도 않았고 그렇다고 어깨에 힘을 주며 권위를 세우지도 않았다.

선배는 고달픈 일상생활에서부터 점점 어려운 의료계의 현안까지 걱정도 했다. 때로는 충고를 주기도 했고, 어떤 때는 설득을 시키기도 했다. 그럴 때마다 점차 선배의 확고한 의지와 신념에 마음이 쏠리기 시작했다. 매사에 서둘지 않아도 실기한 적이 없고, 늦어 남에게 피해를 준 적도 없었다. 끊고 맺음이 분명했고, 늘 당당하였다. 무례하고 당돌한 후배에게 얼굴 한번 붉힌 적이 없었다.

무엇이든 편하게 의논할 수 있는 선배였으며, 색깔 짙은 농담까지도 주고받는 친구이기도 했다. 가끔 후배들이 곤경에 처해 어려움을 겪고 있을 때는 자신의 일처럼 나서 조언을 하고 해결책을 제시하는 의로운 분이었다. 언젠가 내가 어떤 일로 혼자 가슴앓이를 하며 잠시 고초를 겪고 있을 때도 위로와 함께 큰 힘을 주었다. 남의 아픔과 고난을 함께 나눌 수 있는 심려 깊은 사람이었다. 그러면서도 멋을 알고 낭만을 즐길 줄 아는 분이었다.

다수의 의견을 무시하고 밀어붙여야 박력이 있고, 심사숙고하며 남의 의견에 귀기울이면 무능하고 소심하다고 무시하는 요즘, 선배는 조금은 늦더라도 헝클어진 매듭을 순리에 따라 풀어 보려는 합리적인 사고를 간직하고 있었다. 골프를 치며 약간 비탈진 언덕을 올라갈 때는 가끔 숨이 차다 해서 시간을 내어 정밀 검진이라도 받아 보라고 하면, "뭐, 괜찮겠지" 하며 대수롭지 않게 생각하던 선배. 찾아오는 환자에게는 너무나 자상하고 진지하게 대하면서도 자신의 건강에는 무관심 했던 너무나 평범하고 정직한 의사였다.

위독하여 중환자실에서 치료 중인 것을 안 것은 입원한 지 며칠이 지난 후였다. 서클 모임을 마치고 우리는 중환자실을 찾았다. 혼수상태였다. 의식을 잃은 선배는 인공호흡기로 숨을 쉬고 망가진 콩팥으로 투석을 받고 있었다. 모니터에 나타난 심전도의 소견이나 혈압이 정상이었고, 의식도 조금씩 나아진다고 해서 한 가닥 희망을 가졌다. 회복을 간절히 바라면서 중환자실을 나설 때의 마음은 무거웠다.

며칠 후 선배는 결국 먼 길을 가게 되었다. 영원한 이별이 아직도 믿기지 않는 것은 너무나 큰 아쉬움 때문인 것 같다. 아무리 운명이라고 하지만 의료의 첨단시대에 살고 있는 우리로서는 도저히 이해가 가질 않는다. 평소에 건강하던 선배가 걸어서 병원을 찾아가서 이승에서 마지막 눈을 감고 나왔으니 이게 무슨 일이며, 이럴 수도 있는지. 그리고 한창 사회와 의료계를 위해 할 일이 많은데 이렇게 홀연히 떠나니 아쉽기만 하다. 무엇보다 그렇게 아끼던 따님의 혼인날까지 잡아두고 어찌 눈을 감았을까 생각하면 그저 애통할 뿐이다.

화려한 이 봄날에 무엇이 그리도 급했으며 평소에 좋아하던 매화향의 그리움을 어찌 잊고 갔을까.

'이제 와서 생각하니 꿈만 같은데 두 번 다시 살 수 없는 인생 후회도 많아…. 돌아본 인생 부끄러워도 지울 수 없으니 나머지 인생 잘해 봐야지.'

선배가 즐겨 부르던 노래와 함께 그 따뜻한 미소와 유머가 항상 가슴속을 맴돌 것 같다. 이젠 물리적으로는 곁을 떠났으나, 아직도 우리 마음속에서는 사라지지 않고 기억 속에 오래 남아 있을 것 같다.

스포츠 단상

나는 스포츠를 별로 좋아하지 않는다. 스포츠에 흥미가 없는 건 게을러서가 아니다. 신체 조건이 운동하기에는 그리 적합하지 않기 때문이다.

농구, 배구는 키가 작아 못하고, 축구나 야구는 팔다리가 짧고 발이 느려서 생각도 못한다. 마라톤이나 수영 같이 지구력을 요하는 운동은 체력 때문에 아예 엄두도 못 낸다.

나는 경기장을 직접 찾아 가서 관전할 만큼 스포츠에 관심을 갖지는 않는다. 그러나 중요한 경기의 실황중계는 놓치지 않는다. 내가 못하는 운동을 선수들의 박진감 넘치는 장면을 보면서 대리만족을 느낀다. 예술 같은 그들의 동작을 보면 밑도 끝도 없는 드라마 시청으로 아까운 시간이 축나는 것보다는 낫다.

프로 레슬링처럼 코미디 같은 운동이 인기 있었던 적이 있었다. 짜고 하는 운동은 웃기는 정치만큼 싫다. 순진한 관중을 갖고 노는 것 같아 짜증스럽다. 각본대로 하는 스포츠는 사람을 속이는 것이라 밉다.

스포츠의 인기도 세월 따라 변하였다. 유니폼이 세련되지 못했던 가난한 시절에는 선수들은 표정에 여유가 없었고, 왜소하여 보기가 안쓰러웠다. 그때는 격투기 같은 거친 운동이 유행했다. 얼굴에 피가 철철 흘러도 챔피언이 누리는 부와 명예를 위해 권투는 인기 있는 스포츠였고, 관중은 열광했다. 요즘은 여름철의 골프나 요트, 겨울철의 스키나 스케이트 같은 여유로운 운동이 인기를 끌고 있다. 경제력의 차이인 것 같다.

근래에는 외국선수들과 경기하는 우리 선수들도 체격이 당당해서 보기가 좋고 믿음도 간다. 미국 메이저리그 야구나 영국의 프리미어리그 축구 경기 장면을 자주 접하다 보니 국내 경기가 싱거워졌다. 관중들의 눈높이가 달라지니 우리 선수들의 기량이 눈에 띄게 향상 되었다.

한국인은 스포츠에 재능과 소질이 있는가 보다. 특히 여자선수들의 양궁이나 골프 실력은 세계 정상급이다. 강한 정신력과 섬세하고 부지런한 민족성의 영향인 것 같다.

나는 얼마 전에 있었던 우리나라 야구 경기를 보고 새삼 스포츠에 관심과 흥미를 갖고 많은 것을 배우고 느꼈다. 스포츠가 사회에 주는 반응과 감독의 통솔력이 경기 결과에 미치는 영향이 크다는 걸 알았다. 조직에서 지도자의 역량이 중요한 것만큼 운동경기에서도 감독의 역할은 대단하다.

경기는 항상 의외성이 있지만 숙적 일본과 세계 최강 미국과의 야구경기는 각본 없는 드라마였다. 월드베이스볼클래식 아시아 라운드 최종전인 일본과의 경기는 도쿄돔에서 있었다. 일본은 정예 멤버가 다 출전한 버거운 상대였다. 야구의 역사와 전통이 뒤지고, 객관적인 전력도 열세였다. 여기에다 텃세까지 작용한다면 결과는 뻔했다.

초반에는 예상대로 일본의 기세였다. 그러나 우리 선수들의 환상적인 호수비와 후반에 터진 홈런으로 역전승을 하였다. 도쿄돔은 그들에게 비참한 굴욕의 현장이 되었다. 그 역전패의 현장에는 나루히토 왕세자 부부와 일본야구의 상징인 나가시마 전 요미우리 감독이 지켜보고 있었다. 그들에게는 충격이었으나, '향후 30년…' 같은 망발을 들어야 했던 우리는 시원하다 못해 통쾌했다. 전자제품처럼 일본야구는 따라잡기에는 너무 앞서 있다고 여겼던 많은 사람들에게 자신감을 심어주는 한판이었다.

그 감격이 있었던 며칠 후, 야구의 종주국 미국에서 미국 대표팀을 이긴 한국 야구의 승리는 스포츠의 큰 이변이었다. 다윗이 골리앗을 거꾸러뜨린 기적 같은 사건이었다. 경기의 맛은 다소 다르나 이건 마치 월드컵 축구경기에서 영원한 챔피언 브라질을 이긴 것만큼 어려운, 신선한 충격이었다. 아무리 높은 벽이라도 노력하면 넘을 수 있다는 교훈을 체험한 값진 승리였다.

야구는 어느 스포츠보다 감독의 지시가 절대적이다. 그만큼 결과에 대한 책임도 따른다. 톱니바퀴처럼 일사분란하게 움직이기 위해서는 감독의 사인을 놓쳐서는 안 된다. 그 사인 하나가 경기의 승패를 좌우하기 때문에 확실하고 자신 있는 사인을 내야 한다. '이랬다저랬다' 하는 소신 없는 사인을 내면 선수들도 불안해진다. 결국 경기를 망치게 된다. 감독이나 지도자의 신념과 자신감이 그래서 중요하다.

이번 경기에서 감독은 선수에 대한 전적인 신뢰와 믿음을 가졌다. 수시로 변하는 경기의 흐름을 정확하게 예견하는 감독의 안목이 있었다. 선수들은 이런 감독의 믿음을 성실한 플레이로 보답하였다. 선수를 선발하고, 훈련시키고, 선수를 기용 하는 감독의 역할이 합리적이고 공정하였다. 이렇게 경기를 운영하면 승패에 관계없이 관중들은 납득을 한다. 이기면 좋고 진들 아쉽지만 수긍을 한다.

감독은 경기가 잘 풀리지 않아도, '감독짓 그만 두겠다'고 무책임하게 짜증내지 않았다. 선수 교체를 미루거나 오기로 경기를 밀어 붙이지도 않았다. 선수들 사이에서 편을 가르지도 않았다. 기량에 관계없이 마음에 드는 선수는 기용하고, 안 들면 벤치에 앉히는 옹졸한 짓은 하지 않았다. 항상 공정하고 합리적인 지시를 내렸다. 과정이 좋았고 결과가 만족스러웠으니 국민들이 열광한 것이다.

관점을 달리하면 세상이 다르게 보인다. 선수들이 긴장 되면 경기 중에 가끔 실수를 하게 된다. 이런 실수를 그들에게 돌리지 않고, '내 탓'이라 인정하는 감독이 있다면 그 팀은 믿음이 간다. 선수의 실수는 잘못 가르친 '감독 탓'이라고 생각하면 그 팀은 희망이 있다. 걸핏하면 '네 탓'으로 책임을 회피하는 세태에서는 더 이상 기대할 것이 없다. 자신이 져야 할 책임을 다른 곳으로 떠넘기는 사회에서 사는 사람은 항상 피곤하다.

즐겁고 신명 나는 일이 드문 요즘, 각종 스포츠의 승전보를 접하면 막혔던 가슴이 후련해진다. 이것이 스포츠의 매력인가 보다. 앞으로 정치가 스포츠의 반만 발전하여도 우리의 미래는 괜찮겠다. 스포츠의 반만 사회가 재미있어도 이 땅의 백성은 행복하겠다.

자신에 대한 정진도 없고, 남을 배려하는 정성도 부족한 이 땅의 지도자들은 스포츠를 통해 배우고 깨달아야 할 것이다.

강변의 저녁노을

경부선 하행열차로 한적한 물금역을 지나면 완만한 굽잇길이 나타난다. 이 굽은 철길을 천천히 돌면 낙동강 하류를 따라 먼 산도 강과 함께 움직인다. 우연히 이곳을 해가 질 때쯤에 통과하는 절묘한 타이밍에 맞춰 탑승했다면 이건 행운이다. 차창 밖으로 보이는 아름다운 낙조와 평화로운 강변을 보면 한동안 가졌던 상한 감정을 풀기에 충분하다.

그해 5월도 역시 계절의 여왕답게 화창했다. 포근한 바람과 싱그러운 풀향기에 짙은 신록을 보면 이보다 더 좋은 절기가 흔치 않을 것 같았다. 이때면 행사도 많아 연중 두 번의 학술대회 중 춘계학회도 5월의 첫째 주에 있었다. 며칠 전부터 피로와 감기 증세로 학회 참석을 망설였으나, 가족과의 사소한 시비로 잠시 집을 떠나고 싶은 생각에 상경하였다.

초여름의 아침 햇살은 밝았으나, 지난밤에 잠을 설쳐 몸이 천근같이 무거웠다. 몇 번을 망설이다 이대로 학회 참석이 무리라 생각하고 귀가하기로 작심했다. 하루를 견디지 못하고 내려가는 경솔함을 뉘우치며, 무거운 걸음으로 역에 갔다. 승차권을 받고 좌석에 앉자마자 준비한 약을 먹었다. 두통에다 식은 땀이 나고 정신이 몽롱해지며, 옆자리에 누가 있는지도 모른 채 정신없이 두어 시간을 잤다.

갑자기 오한이 들고 머리가 아파 다시 약을 먹기 위해 음료수를 찾았으나, 판매원이 나타나지 않았다. 알약을 쥐고 있던 손바닥이 땀으로 흥건히 젖었다. 이를 보던 옆좌석의 승객이 건넨 주스로 약을 먹고는 다시 잠이 들었다. 정신없이 몇 시간 동안 비몽사몽간을 헤매었다.

서너 시간이 지나 기차가 긴 터널을 통과하면서 내는 진동과 소음 때문에 잠에서 깨었다. 캄캄한 굴속을 빠져나온 기차는 초여름의 녹음이 짙은 산속을 지나가고 있었다. 물 오른 신록으로 한껏 눈이 부셨다. 훈풍을 타고 하늘거리는 여린 잎과 푸른 하늘이 시야에 들어왔다. 잠시 후 산속을 빠져나온 기차는 강변을 달리고 있었고, 강에 비치는 은빛 물결을 보는 순간 정신이 조금씩 들었다. 서산에 걸려있는 저무는 해와 강변에 비치는 노을이 환상적이라 느끼면서 옆좌석으로 시선이 갔다.

옆자리에는 약을 먹도록 나에게 주스를 건넨 낯선 처녀가 강변을 바라보고 있었다.

“많이 아프신가요. 이제 정신이 조금 드세요?”

안쓰러운 얼굴을 하는 그에게 고맙다는 말과 어디로 가느냐고 물었다.

“오랜만에 고향집에 가는 중입니다.”

객지에서 고생한 피곤한 모습이었으나, 심성은 착해 보였다. 때마다 잘 챙겨 먹지를 못해서 그런지 허약해 보였고, 주스를 건네준 손목은 병아리 발목처럼 야위었다.

‘귀향길이라. 5월은 부모님을 생각하는 어버이날이 있고, 가족을 그리는 가정의 달이지. 기다리는 가족을 찾는 행복한 귀향길이겠지. 오랜만에 만난 자식을 보고 가족은 또 얼마나 반가워 할 것인가.’ 이런 생각에 가족과 사소한 마찰로 집을 나섰던 나는 미안하고 부러운 생각이 들었다.

“위독하다는 소식을 듣고 어쩌면 마지막일지도 모를 아버지를 보러 가는 중입니다.”

잠시 망설이다 냉정한 표정을 지으며 지난 세월을 들려주었다.

어린 시절을 보낸 곳은 조용한 어촌이라고 했다. 평화로운 마을에서, 그런대로 화목한 가정에서 자랐다. 우연한 기회에 아버지가 빚보증을 서다 사기를 당하면서 불우한 어린 시절이 시작 되었다. 착하고 온순하던 아버지가 배신을 당하고는 사람이 변하였다. 모르던 도박을 하고 못하던 술을 마시면서 건강하던 마음까지 버리게 되었다. 세상을 비관하고, 이웃을 불신했으며, 가족을 학대했다. 평온하던 가정이 갑자기 허물어졌다. 결국 어머니는 소녀와 지체가 온전치 못한 남동생을 두고 집을 나가버렸단다. 얼마 후 새어머니가 들어오면서 갈등과 증오의 골은 더 깊어졌다.

소녀는 더 이상 견디지 못해 무작정 가출을 결심했다. 배운 것도, 아는 사람도 없는 객지생활은 가족에게 받은 박해만큼이나 힘들었다. 어린 나이에 세상살이에 시달리면서 많은 것을 경험하고 배웠다. 차츰 세상인심에 적응하고 세파의 더께를 씻어내며, 모든 걸 이해하고 용서하려는 마음의 여유가 생겼다. 마냥 자신을 학대하고 가족을 증오하기엔 삶이 너무 짧고 소중하다는 걸 느낄 나이가 되었다.

가끔 가난한 어촌과 미웠던 가족도 생각이 났다. 밤바다를 밝히는 등대불과 출렁이는 파도소리가 떠오르면 동생 생각도 간절했다. 그래도 아버지와 새어머니에 대한 원망과 시기는 좀체 사라지지 않았다. 얼마 전에 아버지가 위독하다는 동생의 편지를 받고는 그렇게 밉던 아버지가 측은해지고 그리워지더라고 했다.

어느덧 기차는 강변을 휘돌아 가고 있었다. 물금을 지나니 차창 너머로 지는 해가 산 위에 떨어질 듯 걸려 있었다. 노을은 장엄하며 화려했고, 자연의 신비로운 조화였다. 종일 대지를 태우며 이글거리던 태양도 잠시 쉬기 위해 자신을 숨기는 중이었다. 서산에 걸친 햇빛으로 산은 불타듯 용광로처럼 끓고 있었다. 파란 하늘은 주홍빛을 하고, 은빛 강물은 치자색으로 물들어버렸다.

낮의 소란에서 밤의 적막 속으로, 광명에서 암흑으로 변하는 자연의 흐름에서 한 인간이 품었던 증오와 갈등이 화해와 용서로 녹는 것 같았다. 하루가 끝나는 일몰의 순간에, 낮 동안 흩어졌던 날짐승이 둥지를 찾아가는 귀소의 시각에, 지난일을 이해하고 뉘우치며 귀가하는 한 젊은이에게서 잔잔한 감흥을 느꼈다. 가정의 달 5월에, 가족간의 갈등과 시련을 극복한 그녀의 표정은 강변의 저녁노을만큼이나 밝고 평화스러워 보였다.

3.

향일암 가는 길

간이역

세월이 너무 빠르다 느껴지면 가끔 초조해진다. 이럴 때 한 곳에서 누긋하게 머무는 것보다 잠시 떠나는 것도 괜찮다. 밀리는 빠른 길보다 더디게 가나 정체 없는 길이면 더 좋다.

계획 없이 무작정 완행열차를 탄다. 이름도 생소한 초라한 역마다 서서 더 지루한 완행열차를 굳이 타려는 것은 빠르게 지나가는 아쉬운 시간에 대한 도전이고 거역이다. 지금까지 정신없이 바쁘게만 살아온 것은 물론 아니다. 하루해가 무척 길었던 시절도 있었다. 학교가 파하고 집에 와 잠깐 선잠이 들었다가 깨면 저녁노을을 아침 햇살로 착각했다. 가방을 메고 다시 학교로 향하던 초등학교 시절, 그때는 무던히도 시간이 느렸다.

사는 것이 힘들 때는 세월이 느리다고 느껴지나 시간의 흐름에는 변함이 없다. 하는 일 없이 소중한 시간을 축내고 있는 것이 안타깝게 여겨지면 낯선 곳을 찾아보는 것도 좋을 듯싶다. 젊을 때부터 가슴속에 묻어두었던 뜨거운 욕망 하나 아직 남아 있으면 식기 전에 나서는 것도 괜찮겠다. 설익은 집착일랑 벗어 던지고, 가치 없는 소유의 굴레에서 벗어나고 싶어지면 불현듯 움직인다. 잊을 듯 말 듯한 희미한 지난 기억들이 사라지기 전에 나서보는 것이다.

보내는 사람의 허전함과 재회의 기쁨이 번잡스러운 공간을 빠져 나오면 또 다른 공간이 기다린다. 완행열차 객실은 원래가 다소 소란스러운 곳. 삶의 향기란 이런 곳에서 느낄 수 있다. 여기엔 생면부지와도 인정의 가교가 쉽게 놓이는 삶의 현장이기도하다. 어색한 낯섦도 없다. 살아오며 때로 부딪치는 어려움도, 되돌아가던 좌절도 여기에선 의미가 없어진다. 민초들의 한숨과 단내 나는 고달픈 삶에는 웃음과 해학이 묻어 있다. 시간에 구애받지 않는 초로들의 느긋한 표정에서 느림이 주는 의미를 알 수 있다. 빠르고 편한 것에만 길들여진 사람들에게 한 번쯤 삶의 여유와 보람을 느낄 수 있다.

열차의 속도가 느린 만큼 차창 너머로 스쳐 가는 풍경도 편하게 볼 수가 있다. 이 정도의 속도라면 지나온 세월을 다시 회상할 좋은 기회가 될 것 같다. 그러다 기억이 끊긴 시절이 있으면 낯선 간이역에 잠시 내린다. 걷다 피곤하면 잠깐 쉬어 가고, 다시 추억이 되살아나면 기다렸다 탄다. 떠나보내는 아쉬움도 만남의 환희도 없는 그냥 조용하고 한적한 시골 간이역이라면 더욱 좋다. 검표하는 역무원이 없고, 내리고 타는 사람들이 별로 없어 혼잡스럽지 않은 간이역에 내려 본다.

쉴 새 없이 앞만 보고 달려온 지친 기차처럼 여유 없이 피곤하게 살아온 탓일까. 간이역에서의 휴식이 그래서 더욱 절실해진다. 크기가 작다는 이유만으로 간이역이 아니다. 시설이 허술하다 해서 간이역이 아니다. 오고가는 열차가 초라해서도 아니다. 교행선도 없는 외길 기찻길, 제대로 지은 역사조차 보이지 않고 길잡이도 눈에 띄질 않는다.

허나 여기에는 넉넉하고 마음 편한 여유가 있다. 내리고 싶으면 내리고 타고 싶으면 타는 곳, 얼마나 편리하고도 간편한 곳인가. 인적이 뜸한 역, 하루에 몇 차례만 한가한 열차가 잠시 서다 말고 떠나는 곳. 나란히 뻗어 있는 철로가 없다면 누가 이곳을 기차가 정차하는 역이라 할까. 그 흔한 대합실도, 만남의 공간도 없다. 비바람 정도는 피하도록 낡은 플라스틱의 대기소가 기다리는 장소이다. 먼지 쌓인 의자가 손님을 찾고 있다. 벽에는 빛바랜 열차시간표가 바람에 나부낀다.

화려한 고속철도시대를 맞는다고 야단법석인 지금, 아직도 이런 역이 있다는 것이 얼마나 다행이며 신기한가. 간이역은 추억처럼 아련하고 전설처럼 멀어 보인다. 헤어지는 아쉬움도 재회의 기쁨도 나누지 않는 그런 역이지만, 타고 내리는 사람들은 한결같이 다 소중한 사람들이다.

마중 나온 사람들의 소음 대신 둥지를 튼 나뭇가지에서 들리는 새소리가 더 요란하다. 텅 빈 간이역엔 철 지난 매화와 철 이른 목련이 나란히 피어있다. 꽃잎의 크기와 향기의 유무로 분위기가 사뭇 다르다. 제 살을 찢고 나온 연두색의 철 이른 새순이 마지막 추위에 떨고 있다. 늘어진 버드나무의 새 잎이 바위틈에 낀 이끼처럼 푸르다. 관솔이 되어버린 솔가지엔 솔향이 넘쳐난다. 저만치 떨어진 해변에서 흘러온 갯바람이 진하고도 상큼하다.

해질녘, 간이역에 내려도 아는 사람도, 반길 사람도 없다. 하찮은 욕망의 유혹에서 벗어나 여유를 갖고 삶의 속도를 조절해 보고 싶어진다. 때로 알게 모르게 부딪쳤던 시련과 좌절의 아픔은 잊어야겠다. 잊는다 해서 더 이상 잃어버릴 것도 없고, 다시 얻을 것도 없다. 잃었다한들 본래 없었던 것이고, 얻었다한

들 본래 있었던 것이다. 있는 것도 없고, 없는 것도 있다던 불가의 가르침이 새삼스럽다. 눈 깜짝할 사이에 가버리는 젊음처럼 아쉽기는 하지만 더 이상 미련을 둘 것도 없다.

간이역 낡은 의자에 앉아 오는 열차, 가는 열차를 바라본다. 똑같은 속도로 왔다 가는 열차인데 오는 열차보다 떠나는 열차의 속도가 빠르게 느껴진다. 오는 반가움보다 가는 허전함이 더 크기 때문인가 보다. 이젠 가을의 한복판에 서 있는 신세가 되니 지나가는 구름의 움직임도 예사롭지 않다. 하잘것없는 한세상이 이렇게 가는가 생각하니 삶이 허망해진다. 한 끼 밥 짓는 것 같은 짧은 세상살이가 이슬처럼, 등불처럼 흔적 없이 느껴진다. 간이역을 그냥 통과하는 기차를 잡을 수 없듯 흘러가는 세월을 되돌릴 수도 없다.

어찌 보면 시간이란 존재하는 것도, 흐르는 것도 아닌 것 같다. 해가 뜨다 다시 지고, 꽃이 피다 다시 지고, 젊음이 가고 늙는 것은 변화하는 자연의 현상이지 시간의 흐름이 아닌 것 같다. 시간이 흐르는 걸로만 아는 얇은 지식에서 시간은 흐르지 않고 영원하다는 깊은 지혜로 발상을 바꾸면, 낯선 간이역을 찾은 보람이 있을 것 같다. 이젠 시간의 존재를 단념하고 애써 잊어야겠다.

단풍놀이

고온다습한 여름철이 빨리 지났으면 하는 것은 화려한 단풍에 대한 기대 때문이다. 예전에 미처 몰랐는데 세월 탓인지 단풍이 꽃보다 더 매력이 있어 보였다. 봄철에 피는 화초도 예쁘지만, 가을 단풍의 화려함도 그에 못지않다고 여겼다. 그러나 아무리 단풍이 좋아도 향락철에는 선뜩 나설 용기가 나지 않았다. 만만치 않은 거리와 복잡한 도로 교통 사정, 넘치는 인파 틈에 끼어 고생만 할 것 같아 지레 겁을 먹고 몇 번 포기했다.

하지만 다소 고생이 되더라도 내장산 단풍만은 보고 싶었다. 가보고 온 사람마다 입에 침이 마르도록 자랑하는 걸로 보아 이름값은 능히 하리라 생각했다. 어느 날, 일간지에 내장산 단풍놀이꾼을 모집한다는 광고가 눈에 띄었다. 아내와 의논하여 이번에는 꼭 가기로 했다.

10월의 어느 일요일, 늦은 가을이었다. 어둠이 채 가기도 전 이른 새벽에 들뜬 마음으로 출발장소로 나갔다. 맑은 하늘엔 아직 지지 않은 달과 별이 초롱초롱 빛나고 있었다. 관광객들을 태울 대형버스가 벌써 20여 대나 시동을 켠 채 대기하고 있었다. 여태 내장산 단풍구경을 못한 사람이 이렇게 많은가. 다소 위안이 되었다. 지정된 버스에 올라 편한 곳에 자리를 잡았다. 차창너머로 별을 바라보며, 추억의 수학여행처럼 설레고 들떠 있었다.

조금 지나니 원색의 등산복에 배낭을 멘 관광객들이 차에 오르기 시작했다. 혼자 온 사람도 있고, 여럿이 단체로 오는 사람들도 있었다. 의외로 우리 버스에 탑승한 사람들은 거의 대부분 여자들이었다. 남자라고는 운전기사, 동행한 여행사 안내원 그리고 나, 셋 뿐이고 모두가 여자였다. 대부분 아는 사람들끼리 와서인지, 새벽의 버스 안에는 방앗간에 모인 참새 떼처럼 시끄러웠다.

버스가 출발하고 좌석이 조금 정리가 되자, 안내원이 오늘의 일정을 간단하게 설명하며 관광객들을 소개하였다. 오랜만에 만난 동창끼리의 모임도 있고, 동네사람들끼리 참석한 아주머니들도 있었다. 한결같이 즐거운 표정이었다.

잠시 후, 휴게소에서 아침식사를 마치고 탑승한 여자들은 벌써 취기가 있었다. 분위기가 산만해지면서 준비한 소주잔이 돌기 시작했다. 차츰 여자들의 목소리가 커지며, 버스 안은 소란해졌다. 가족들에 대한 섭섭함, 시집에 대한 불만 그리고 남편에 대한 험담을 토로하며 쌓였던 모든 스트레스를 풀고 있었다. 단풍구경을 가는지 신세 한탄하러 왔는지, 도무지 못 말릴 사람들이었다.

이른 오전이라 도로 사정이 좋아 내장산에는 예상보다 일찍 도착했다. 간단한 점심식사를 하고, 약속시간에 지정된 장소에 모이라고 하며 단풍을 즐길 자유시간을 주었다. 몇 시간째 차 속에 갇혀 곤혹을 치른 나는 무리에서 벗어나 날 것 같은 자유의 몸이 되었다.

내장산 단풍은 정말 소문 대로였다. 차 속에서 시달린 고생은 금세 사라지고, 역시 잘 왔다는 생각이 들었다. 빨갛게 물든 잎 새와 미풍에 흔들리는 늘어진 가지를 보며 가을단풍을 즐기기에는 충분했다. 오랜만에 자연을 제대로 볼 수 있을 것 같았다. 단풍이 드는 자연의 조화와 그 의미도 느낄 수 있었다. 봄날의 녹색 잎이 젊음을 향한 성장이라면, 가을의 붉고 노란 잎은 노후를 준비하는 과정인 것 같다. 자외선의 피해를 줄이려고 어린잎과 줄기가 빨갛게 단풍이 들고, 낙엽이 되어 월동준비에 들어가는 자연현상은 자신을 보호하기 위한 나무의 지혜라 느껴졌다.

많은 사람들이 계곡에 들어가면 보이지 않아 마치 양의 내장 속 같다고 지어진 내장산. 이 산에는 기암절벽에서 떨어지는 시원한 폭포와 깊은 계곡도 유명하나, 가을 단풍을 빼놓고는 산을 말할 수가 없다. 한여름의 푸른 잎이 가을볕을 받고 갈색으로 물드는 굴참나무, 노란 색으로 변하는 느티나무, 빨간 색칠을 하는 단풍나무, 이들 나무로 온 산은 울긋불긋 비단처럼 수를 놓고 있었다. 과연 천혜의 단풍이었다. 우리는 원색을 한 사람들의 물결 속에서 가을날의 정취에 취해 비단길 같은 단풍터널을 걸었다. 단풍으로 출렁이는 길은 말 그대로 인산인해였다.

벌써 빨갛게 물든 단풍이 낙엽이 되어 떨어진 것도 간혹 보였다. 때가 오면 변하는 단풍을 보고, 떠나야 할 때 떨어질 줄 아는 낙엽을 보며 자연에 순응하는 나무의 아름다운 자세가 새롭다. 변하지 않는 것이 자연인 것 같으나, 자연만큼 쉴 새 없이 변하는 것도 없다. 화려한 무대에서 찬사와 갈채를 뒤로하고, 한줌 흙으로 돌아가 새생명의 밑거름이 되기를 주저하지 않은 나무에서 많은 걸 깨우친다.

단풍에 취한 아쉬운 시간을 뒤로하고 해질 무렵에 버스에 탔다. 벌써 먼저 탑승하여 자리를 차지한 아주머니들의 얼굴은 방금 전에 본 단풍 색깔만큼이나 붉게 물들어 있었다. 도대체 얼마나 마셨을까. 혀가 꼬부라져 발음도 희미했다. 어둠이 깔리고 차가 출발하기가 무섭게 음주와 가무가 시작되었다. 돌아갈 일이 생각만 해도 끔찍했다. 희한한 실내조명 속에 흘러간 유행가와 비틀거리는 춤, 고속도로 상에서 한 번씩 제동을 걸어 차체를 흔들어 주는 운전기사의 보이지 않은 어시스트, 이 모두는 스트레스 해소를 넘어 거의 발악이었다.

흔들어대는 여자들의 체중에 못 이겨 육중한 버스가 배를 탄 듯 흔들거렸다. 야간의 고속도로는 향락객을 태운 차량의 증가로 지체되고, 옆에서 달리는 다른 버스의 실내 분위기도 마찬가지였다. 사람도 취하고 차도 취하고, 정말 가관이었다. 소란스런 차속에서 몇 시간을 시달리니 피곤하고 괴로웠다.

"대한민국 아주머니는 정말 못 말려."

지쳐있는 안내원이 중얼거렸다. 이것이 우리나라 관광 향락 문화의 현실인지, 한심한 생각이 들었다.

자정이 넘어 귀가하여 자리에 누우니, 천장이 빙빙 돌고 어지리웠다. 그 유명한 내장산 단풍은 생각만 해도 머리가 아프다. 단풍놀이, 다시는 가지 말아야지. 언제쯤이면 이 땅의 여가와 놀이 문화가 고급스러워질까.

야간열차

밤의 적막 속으로 기차가 가고 있다. 어둠 속을 달리는 열차의 속도는 상대적인지 낮보다 더욱 빠르게 느껴지나 답답하고 지루함은 더한 것 같다.

학회 모임에 참석하고 늦은 시간에 밤차를 이용한 지도 벌써 몇 년은 되었다. 처음에는 분위기에 적응하지 못해 어려움도 있었다. 심야에 오랜 시간을 차 속에서 갇혀 있다는 것이 여간 불편하고 힘들지 않았다. 혼자 어둠 속에서 아무 생각 없이 귀중한 시간을 그냥 축내는 것이 아깝고 안타까웠다. 지루한 시간을 때우기 위해 조잡한 잡지나 양심 잃은 신문을 들추면 오히려 더 피곤했다.

조용해야할 차 속에 소음도 거슬렸다. 한 잔 걸치고 취기에

막차를 탄 승객의 고성, 때와 장소를 가리지 않고 터지는 휴대폰의 짜증스런 기계음을 참으려면 많은 인내가 필요했다. 타인의 입장은 전혀 고려하지 않는 요즘 세태에서 예절과 공중도덕의 중요성을 느꼈다.

승차한 순간부터 이미 정해진 궤도를 달릴 수밖에 없는 한낱 하물이 되어버리지만 그래도 옆좌석에 누가 있는지는 신경이 쓰인다. 있는 듯 없는 듯 조용한 사람을 만나는 운 좋은 날도 있고, 무례한 행동과 잡담으로 사람을 괴롭히는 일진이 사나운 날도 있다. 좋은 날도 있고 궂은 날도 있듯이, 이런 날은 고통스럽지만 참아야 한다. 많은 사람 중에 옆자리에서 같이 밤을 샌다는 것이 특별한 인연이라 생각하면 한결 속이 편해진다.

요즘은 많이 개선되었지만 승무원의 태도도 아직 멀었다. 더운 것보다는 따뜻한 것이, 따뜻한 것보다는 서늘한 것을 좋아하는 예민한 체질 때문에 열차 실내온도가 높고 답답해서 에너지도 절약할 겸 온도 조절을 부탁하나 들은 척 만 척한다. 한대 맞은 기분으로 멍하니 차창 밖을 바라보면 싫어도 보아야 하는 향락 업소의 요란스런 조명도 마뜩찮다. 모른 채 지나가야 하는데 그게 안 된다. 수양이 부족해서겠지.

어느 중소도시의 아름다운 야경이 그림 같다. 밤이 깊어 갈

수록 날은 어두워지고, 주위가 어두워질수록 길을 인도하는 등불의 가치는 소중해진다. 칠흑 같은 어둠 속에 사방을 밝혀주는 불빛의 고마움은 누구에게나 공평하다.

얼음장 같이 찬 밤하늘에 쟁반 같은 은빛 달이 떠있는 운치 있는 밤이다. 어둠의 깊이만큼이나 달빛은 더욱 세다. 멀리 산 마을에서 새어나온 불빛이 별빛 같이 아롱거리며 반짝인다. 여름밤 은하수 같다. 반딧불 같은 전깃불이 차창을 따라 어둠 속으로 날아다닌다.

터널을 통과하니 바깥 분위기가 달라진다. 바람이 새 차고 진눈깨비가 날리고 있다. 산을 사이에 두고 밤 날씨가 너무 변화무쌍하다. 차창을 흔드는 바람과 휘날리는 진눈깨비는 정신을 혼란스럽게 한다. 아마도 마음이 허해서인가 보다.

비 오는 철길가에 마중 나온 가족의 그림자가 보인다. 비 오는 날도 맑은 날처럼 소중한 듯 우산을 받쳐 주며 어둠 속으로 사라지는 가족들의 모습이 아름답고 행복해 보인다. 그들에게 가족이란 무엇일까. 절망의 순간에도, 치열한 경쟁 속에서도 틈만 나면 퇴로를 찾았다 다시 힘든 일상 속으로 되돌아가도록 활력과 에너지를 공급해 주는 것이 가족 외에 또 무엇이 있던가.

눈발이 사라지고 비가 그치면서 희뿌연 달빛 너머로 비에 젖은 시골역이 보인다. 피로에 지쳐 곤하게 졸고 있는 노무자의 모습이 비에 젖은 달빛처럼 차다. 달그림자를 보고 사는 사람들의 늘어진 모습이 애처롭다. 고요와 적막이 지나온 꿈을 접고 망각의 기억을 되살리기에 충분하다. 어둠 속 조용한 산골역을 지키고 있는 역무원의 제복에서 아사다 지로의 「철도원」이 뇌리를 스친다.

얼어붙은 강 건너편에는 거무스레한 산그림자를 등에 진 시골역의 불빛이 희미했다. 채탄장의 폐가와 괴물 같은 컨베이어가 눈으로 묻혀 있는 새하얀 종착역, 호로마이역. 불빛조차 꺼져 있는 플랫폼에 칸델라 등불을 켜들고 정년을 얼마 앞둔 늙은 역장이 서 있었다. 영하 20도 만큼이나 추운 오토마츠 역장의 가슴에는 무정한 세월에 대한 아픈 회한과 아쉬운 미련이 서려 있었다. 평생을 오직 철도에만 바친 그는 가슴이 메었다.

마흔 셋에 첫눈 내리는 날, 귀하게 얻은 피붙이는 병원 하나 없는 마을에 태어나 문풍지 바람이 거센 사무실 겸 살림방에서 추위에 못 견뎌 이 세상을 떠나고, 몇 년 후 아내가 병원에서 숨을 거둘 때도 역을 비우지 못했다. 아내가 눈처럼 차가운 딸의 시신을 안고 돌아오던 날도 도착을 알리는 깃발을 흔들고, 플랫폼의 눈을 쓸던 고지식하고 미련하며 박정한 그에게도 인간의 따뜻한 정리라는 게 있었을까.

산골역에는 밤새 시간도 장소도 알아볼 수 없을 만큼 큰 눈이 지고, 낡은 역사는 소리도 빛도 없는 순백의 세계에 파묻혔다. 다음날, 홈 끝의 눈더미에 깃발을 손에 쥐고 입에 호루라기를 문 채로 역장은 뇌일혈로 쓰러졌다. 가족에 대한 사무치는 그리움도, 과거에 대한 희미한 추억도, 그리고 직업에 대한 아쉬운 회한도, 퇴락한 시골역사 지붕 위에 쌓이는 눈 속으로 소리 없이 묻혔다.

한순간에 선택한 직업에 만족하며 인생의 모든 것을 거는 정신, 개미처럼 일에만 몰두하는 그런 인생도 살아가는 재미와 가치가 따로 있을까. 세월이 가면 언제 직장에서 쫓겨날 것인가를 걱정하며, 가정에서까지 소외당하는 오늘의 현실이 앞으로는 어떻게 변할까.

자기의 위치를 끝까지 지키며 맡은 직무에 책임을 지는 저들의 태도가 많은 것을 느끼게 한다. 너무 삶을 가볍게 여기고, 직장을 소홀히 생각하며 소임을 잊는 채 초래한 대형 참사를 여러 번 경험한 우리에게는 저런 사명감과 직업의식이 존경스러워 보인다.

직업이 가족보다 소중한 것인가. 직장이 가정보다 더 가치가 있는 것인가. 이것은 어둠 속을 달리는 야간열차의 속도처럼 생각하기 나름이다.

적막 속으로 열차는 계속 달리고 있다.

백록담에 서면

한라산은 언제 찾아가도 그렇게 만만한 산이 아니다. 그렇다고 위압감을 줄 정도로 거세지도 않고, 압도하지도 않는다. 제법 된비알을 오를 때 숨이 차고 몸은 힘들어도, 마음은 맑고 가볍다. 찾아오는 사람을 항상 반기는 듯 산은 기다리고 있다. 많은 사람들이 밟고 가면 산도 몸살을 할 만한데 언제나 오라는 듯 늘 넉넉하고 평화롭다.

사는 것이 고단하고 외롭게 느껴질 때, 사람들은 산을 찾는다. 계곡에서 쉬고, 능선을 걷고, 언덕배기를 힘들게 오르다 보면 산은 우리에게 힘과 희망도 준다. 모든 걸 잊고 한 번쯤 자신만을 돌아 볼 조용한 기회도 생긴다. 세상살이에 쌓였던 먼지를 털어낼 수도 있고, 헝클어진 마음을 정리할 수도 있다. 산은 많은 것을 가르친다. 산속에서 인간은 겸허해진다.

한라산은 그 모습이 다양하고 변화무상(變化無常)하다. 볼 때마다 느낌이 다르고, 오를 때마다 감정이 다르다. 전번에 가졌던 기분이 이번에는 또 다르게 느껴진다. 오를 때의 느낌이 내려올 때와는 또 다르다. 힘든 오르막길을 무심코 지날 때는 보지 못했던 산세도, 오관을 작동하여 천천히 내려오면 산도 숲도 나무도 다양한 모습으로 다가온다. 쳐다보는 기분과 내려다보는 느낌이 다르다. 이것이 이 산이 주는 묘미이다.

한라산은 산의 형세와 정기가 부드럽고도 웅장하다. 시야가 확 트인 완만한 능선을 걸을 때는 포근하면서도 친밀감을 준다. 편안한 산길을 가다가 급한 비탈진 벼랑을 만나면 긴장이 된다. 다양하게 나타나는 이런 느낌, 이것이 이 산이 주는 매력이다. 힘들지만 이 매력에 끌려 다시 이 산을 찾게 된다.

산마다 지니고 있는 특징이 있다. 산세가 완만해서 여성처럼 연한 산이 있는가 하면, 혈기 넘치는 남성 같이 강한 산도 있다. 한라산은 이 양 면을 함께 지니고 있는 산이다. 순하게 보이기도 하고, 급하게 보일 때도 있다. 따뜻한 봄날 같이 느껴지다가도 한겨울처럼 차갑게 다가서기도 한다. 참으로 변덕스러운 모습이 사람의 마음을 사로잡는다. 갈 때마다 새롭고 오를 때마다 변덕이 심한 것은 이 산의 기세 때문인가 보다.

한라산은 철 따라 풍경이 변하는 것은 물론이고, 하루에도 봄, 여름, 가을, 겨울의 사계를 느낄 수 있다. 이런 다양한 변화가 오히려 사람의 마음을 끌리게 한다. 겨울 속에 봄이 나타나기도 하고, 가을 같은 여름을 경험하기도 한다. 봄꽃, 여름숲, 가을잎 그리고 겨울눈, 이것이 철따라 변하는 한라산의 모습이다. 화려한 봄의 색상으로 사람들을 유혹하다가 언제 예고도 없이 초록의 여름숲이 산을 덮어버린다. 울창한 자연림에 광활한 초원의 장관 그리고 흔치 않은 고산식물의 보고, 이런 것들이 이 산의 명성을 이어준다.

대부분 현무암으로 이루어져 있는 이 산에는 많은 화초가 피고 진다. 봄에 피는 철쭉은 이 산의 시작을 알린다. 흐드러지게 피는 철쭉은 금방 산을 온통 붉은 꽃밭으로 만든다. 여름의 싱싱한 녹음과 화려한 가을 단풍도 봄산에 피어나는 꽃 못지않게 아름답다. 늘 푸를 것만 같은 여름 녹음도 계절이 바뀌면 자연의 변화는 어김이 없다. 아름다운 가을 단풍에 정신을 빼앗기다 보면 소리도 없이 겨울산의 설경이 사람들을 유혹한다.

담백하고 순수한 색깔로 찾아오는 겨울산의 얼굴은 또 다른 모습이다. 앙상한 나뭇가지를 덮는 눈꽃과 수빙현상은 겨울 산행을 유혹하는데 부족함이 없다. 눈 덮인 적막한 겨울 산속을 걷다보면 잠시 시간이 멈추어진 것 같이 느껴진다. 그러나 시간은 쉴 새 없이 흐르고 자연의 변화도 멈추지 않는다.

계절마다 한라산은 특색이 있으나 역시 눈 내린 겨울이 좋다. 언젠가 한라산을 찾았을 때도 겨울이었다. 눈길을 밟는 발의 감촉, 설원을 걷는 시원함은 겨울산이 주는 혜택이고, 낭만이었다. 간밤에 내린 눈으로 가지마다 솜털 같은 흰 눈이 쌓여 있었다. 설경의 아름다움이 감동적이면서도 흰 눈을 지고 축 처진 가지를 보니 너무 힘들어 보였다.

'햇살이 나면 눈도 녹고, 어깨는 가벼워지겠지' 이런 여유가 드니 마음이 훨씬 편했다.

언젠가 안개 속에서 길을 헤맨 적이 있었다. 앞뒤가 거의 보이지 않을 정도로 짙은 안개였다. 산속에서 길을 잃는다는 게 얼마나 위험한 짓인가. 캄캄한 어둠 속을 헤매는 것 같았다. 신기하게 안개도 나와 같이 움직이고 있었다. 안개가 나를 따라 오는지 내가 안개 따라 가는지 알 수가 없었다. 얼마 동안 헤매다 보니 안개가 걷히기 시작했다. 그때의 한라산은 바로 선경이었다.

한라산은 남한 최고봉이다. 밤하늘의 은하수를 손으로 잡아당길 만큼 높은 산이라지만 막상 오르다 보면 높다는 것을 실감하지 못한다. 산세가 험하지 않아 높이를 제대로 느끼지 못해서 그런가 보다. 아니면 주위의 화려한 절경에 넋을 잃어 높낮이도 가늠하기 어려워서인지, 산이 그렇게 높다는 느낌이 안 든다.

정상이 가까워지면 해안선을 따라 제주섬이 한눈에 들어온다. 일망무제의 쪽빛 바다가 발아래에서 펼쳐지면 산과 섬의 본래 모습이 나타난다. 한라산이 제주도이고, 섬이 바로 산이다. 섬 사람들에게는 이 산이 삶의 터전이다. 그동안 이 산에서 나오는 공기와 물을 호흡하고 마셨다. 산기슭에서 가축을 기르며 사냥을 했다. 산자락에 밭을 갈고, 씨를 뿌리고 여기서 자란 나무로 밥을 짓고 살았다.

백록담은 한라산의 얼굴이고, 중심이다. 백록담은 색다른 모습을 하고 있다. 용암이 흘러넘친 분출구 주위를 둘러싼 병풍 같은 화구벽은 특이한 정경이다. 수십만 년을 두고 형성되었을 이 산의 역사가 여기에서 시작된 것 같다. 화산 활동으로 쇳물 같은 용암류가 흘러내려 해안선은 날카로운 절경의 절벽이 생겼다. 그때 분화구에서 보글보글 끓다 분출했던 용암이 식어 돌이 되었다. 그동안 얼마나 오랜 세월이 흘렀을까. 백록담에 서면 무상한 세월 속에서 찰나를 힘들게 살아가는 인생이 그래도 대단하게 느껴진다.

아, 을숙도

백두대간 태백에서 발원한 낙동강의 긴 흐름이 끝내 바다와 만나는 어귀에 갯골 을숙도가 있었다.

오랜 세월 동안 강의 물살에 의해 자연스레 형성된 개펄이다. 토양이 비옥하여 동식물의 낙원이었고, 철새들의 보금자리였으며, 생태계의 보고였다. 그때 그곳에는 화려한 빛이 보였고, 아름다운 소리가 들렸으며, 많은 사람들이 자연환경과 친할 수 있는 편한 휴식처였다. 봄 햇살에 새싹의 생명이 움텄고, 잔잔한 맑은 강물 속에서 많은 물고기들이 서식하였다. 해질 무렵이면 한가로운 철새들의 평화로운 놀이 공간이었다.

60년대부터 천연기념물로 지정되어 천혜의 자연생태 공간으로 보호와 관심을 갖던 이곳도 무분별한 개발 망령이 도지면서 불운의 징조가 보이기 시작했다. 천민자본을 앞세운 조급한 개발론자의 천박한 논리로 자연환경이 서서히 무너졌다. 산, 계곡, 강, 바다 같이 경관이 좋은 곳이면 어디든 파헤칠 때, 을숙도도 예외가 아니었다. 환경의 변화를 걱정하는 사람들의 충고를 묵살하고 강 하구언 공사는 강행되었다. 강 하류를 가로지른 하구둑 공사로 콘크리트 피조물이 생기고 둑이 축조되면서 주변의 자연환경은 변하였다.

강 하구가 둑으로 막혀 강물의 유속이 느려지자 많은 모래가 바다로 밀려 나가지 못하고 하구에 쌓였다. 점차 새로운 모래톱이 형성되면서 강 하류 삼각주 말단의 지형에 변화가 왔다.

그로 인해 수계가 정체되고, 강은 이미 고여 있는 반 호수 같이 담수화 상태가 되어버렸다. 질소, 인 같은 오염 물질의 증가로 녹조 현상이 와서 수질이 악화되어 이 강물을 식수원으로 사용하는 지역주민에게는 큰 고통이었다. 지형과 토질의 변화로 동식물의 서식이 힘들고, 수질의 오염으로 강 하류에 살던 연어, 새우, 게의 생존이 어려워졌다. 이런 먹이사슬의 변화는 철새의 도래에 영향을 주었다. 게다가 기상이변으로 안개가 자주 발생하여 인근 공항의 항공기 이착륙에 장애를 초래했다. 하구둑 건설이 용수 공급과 교통 소통으로 낮은 생계를 돕는 불가

피한 선택이었다는 어설픈 개발 논리는 이런 환경변화에 따른 역작용을 간과하는 우를 범했다.

근대화 과정에서 개발과 자연환경의 보전은 항상 논쟁거리였으나 목전의 이익만 추구하는 개발이 늘 보전을 압도해 왔다. 그 결과 강이 끊기고, 산이 잘리고, 계곡은 막혀 성한 곳이 별로 없을 정도로 자연은 버려졌다. 그곳에는 소수를 위한 거대한 피조물이 흉악스럽게 등장하여 경관을 망쳐버렸다. 자연이 저렇게 망가지니 사람들의 심성도 모질게 변해버렸다. 자연을 즐기는 여유는 점차 줄고, 조급하고 초조한 마음을 갖게 되었다.

우리 산천뿐만 아니라, 지금도 지구 곳곳에서 산업화라는 미명으로 개발을 서두르고 있다. 지구의 허파 역할을 담당하며 대부분의 산소를 공급하는 열대우림의 원시림을 무작정 파괴하고 있다. 무분별한 벌목으로 태양열을 흡수하여 완충역할을 하는 보호막은 사라지고, 지구는 사막화 되고 있다. 기상의 온난화가 심해지고 강수량이 고르지 못하면, 동식물의 생멸 과정에 영향을 주어 끝내 생명체의 멸종을 초래할 것이다. 이런 섬뜩한 결과를 예사롭게 여기는 것은 무지의 소치이다.

자연환경의 보전과 개발은 이상과 현실이라는 동전의 양면처럼 상호보완적인 관계로 양립한다. 경제 성장을 원하는 한 개발은 어쩔 수 없다 하더라도 환경을 최대한 살리면서 개발에 대한 철저한 사전 검증이 필수적이다. 앞으로 환경문제는 개발에서 보전으로, 공급 위주에서 수요 중심으로 발상을 전환하여 삶의 질이 향상되기를 기대해야 한다.

새소리가 들리고 꽃향기가 날리며 흙과 갯냄새가 풍기는 자연과는 담을 쌓은 콘크리트 숲 속에서 불편함을 모르는 현대인도, 마음만 먹으면 평생 살면서도 손에 흙 한 번 묻히지 않고 살아가는 소수에게도, 환경보전은 이제 더 이상 남의 일이 아니다. 자연환경이 무너지면 너나없이 피해를 입게 된다. 환경의 올바른 지킴은 이젠 생존을 위한 선택의 문제가 아니라 필연적인 의무이기도 하다.

지금 옛 모습을 잃은 을숙도에 가본들 소중했던 기억을 찾을 수는 없겠지. 한여름에 내리는 소나기처럼 시원하였고, 가을 호수처럼 잔잔했던 그때를 느낄 수도 없을 거고. 나른한 초겨울 고즈넉한 오후 한때, 짝지어 나는 철새들의 힘찬 율동을 다시 볼 수 있을까.

다로에 불을 지피는 티없이 해맑은 낙천적인 젊은이들이 즐겨 찾던 곳, 을숙도.

강변 낙엽수 가지에 걸어놓은 허름한 스피커를 타고 비틀즈의 「예스터데이」가 흘러나오면 버드나무 그늘 아래의 낡은 벤치에 앉아 시국을 걱정하고 미래를 그려보던 곳, 을숙도.

갈대밭 사이로 강을 따라 나룻배를 타고 지는 저녁노을을 보며, 갈꽃과 넘실거리던 은빛 물결 위를 비상하는 물새 떼를 바라보고, 또 그들의 노랫소리를 들으며 정을 나누고 약속을 주고받던 낭만이 깃든 곳, 을숙도.

해외여행은 꿈같은 시절, 해진 청바지에 기타를 치며 젊음을 달래던 그곳은 희망과 추억을 담아내는 젖줄이었다. 물질은 부족했으나 마음은 항상 행복이 넘쳤던 시절, 황순원의 「소나기」나 알퐁스 도데의 「별」을 읽던 시대의 젊은이들에게는 여기가 바로 낙원이었다.

그러했던 을숙도가 지금은 앓고 있다. 자연이 훼손되고 환경이 파괴된 채 을숙도의 본래 모습은 사라지고 있다. 이런 을숙도에 철새와 사람들은 등을 돌린다. 오염된 물과 땅에서는 새들이 더 이상 먹이를 찾을 수 없고, 변질된 공간에서 사람들은 옛 추억을 회상할만한 가치를 잃은 것이다. 은빛 갈꽃은 흉하게 시들었고, 맑던 강물도 더 이상 흘러가지 못할 것이다. 이제는 귀중한 지난 시절의 한 조각을 회상할 시간도, 즐길만한 공간도 빼앗긴 우리에게는 더 이상 무얼 기대해 볼 것인가.

마음속의 을숙도를 상실한 아픔은 크다. 생태계의 보고로서 을숙도의 훼손에 가슴이 아린다. 그것은 강물에 잠기듯 넘어가는 석양 속에서 유연한 갈대숲의 움직임을 더 이상 볼 수 없어서가 아니다. 추억과 낭만이 깃든 한 휴식처가 사라진 아쉬움 때문만도 아니다.

그것은, 자연환경의 훼손으로 초래되는 모든 재앙은 결국 인간들의 몫일 수밖에 없고, '그들을 버리면, 그들도 우리를 버리기' 때문이다.

진평왕릉에서

천년의 역사를 간직하며 한 시대의 찬란한 문화를 꽃피웠던 신라의 옛 수도 경주에는, 아직도 그때의 흥망성쇠를 전해주는 문화재와 사적지가 많이 있다. 한때 밤하늘의 별 같이 널려 있던 사찰과 기러기 떼처럼 이어지는 탑들을 생각하면, 그 시절의 삶과 문화의 일면을 엿볼 수 있다.

당시 사람들은 숯으로 밥을 지을 만큼 풍족한 생활을 하였다. 마음도 넉넉하고 여유가 있어 항상 춤과 노래가 끊이질 않은 평화로운 세월을 보내었다. 이런 너그러운 여유로 터마다 불탑을 세우고, 돌마다 불상을 새겨 소원을 빌었다. 지금도 곳곳에 유물과 유적이 널려 있고, 당시의 영욕과 애환이 서려 있는 만큼 원과 한이 함께 있는 곳이다.

이런 역사적 유적지가 개발 공해로 오염되어 번잡한 관광지로 타락한 아쉬움이 있다. 가치 있는 문화재가 원래의 모습대로 잘 보존이 되었으면 하는 바람은 간절하나 우여곡절을 겪고 시련을 당하는 모습을 보면 안타깝다. 천년사직을 간직해야 할 왕궁은 흔적조차 찾기 힘들고, 융성했던 사찰도 터만 남긴 채 사라져 애석함이 크다. 그래도 이 땅에 이런 오래된 도시에서 찬란한 문화가 번성한 것은 참으로 다행이고 자랑스럽다.

번잡한 도시를 잠시 벗어나고 싶으면 가끔 고도 경주를 찾는다. 가는 곳마다 사적지이고, 보이는 것마다 유명한 문화재이다. 당시의 유적지를 찾아 유물을 보며 잠시나마 먼 과거로 돌아가 옛 숨결을 느껴본다. 이들 중 아직 잘 알려지지 않은 진평왕릉을 찾아가면 색다른 분위기를 느낄 수 있다. 시내에서 보문호를 향하는 큰길을 벗어나 한적한 외길 농로로 접어들면 넓지 않은 들판의 우거진 숲 속에 원형 봉토분인 사적 180호 진평왕릉이 있다.

유명한 다른 왕릉처럼 웅장하거나 소란스럽지 않다. 한적하고 고즈넉하여 오히려 마음이 편안하다. 애써 화려하게 손질한 흔적은 없으나 위용은 잃지 않고 있다. 풍상에 마모된 희미한 비석이 주위를 감싸고 있는 고목과 함께 긴 세월 동안 능을 지키고 있다.

허세와 허영을 과시하려는 졸부의 조상묘처럼 천하지도 호화롭지도 않다. 치장이 요란하고 화려해야 귀하고 값진 것으로 생각하는 요즘의 정서로는 다소 실망하겠지만 이것은 착각이다. 왕릉으로써 위엄도 있고, 평화로운 분위기도 느낄 수 있다.

역사적으로 진평왕이 유명하지 않은 것처럼 이 왕릉도 널리 알려져 있지 않다. 신라의 선덕여왕은 잘 알겠지만 진평왕은 잘 모를 것이고, 부녀간이라는 사실도 생소할 것이다. 부녀간에 왕위를 이어가면서 신라문화를 꽃피웠고, 많은 유물을 후세에 남겼다. 덕망 있는 고승이 많이 나와 그 시대 정신문화를 선도하는데 중요한 역할을 했다. 오랫동안 나라를 통치하면서 많은 문화유산을 남기고, 삼국통일의 기틀을 마련한 업적치고는 왕릉이 너무 초라할 정도로 소박하고도 천연스럽다.

왕릉뿐만 아니고 능 주변도 손질하지 않은 본래 그대로다. 논을 가로지르며 흐르는 수로를 따라가면 능을 지키고 있는 오래된 인물 좋은 소나무들과 만난다. 주위에는 여러 나무들과 야생 잔디가 가을날 저물녘에 하늘거리는 은빛 갈대의 율동과 아름다운 조화를 이루고 있다. 오랫동안 사람의 손길과 발길이 드물어 능과 그 주변이 비교적 원형대로 보존되어 있다. 고목나무의 굴곡과 나무줄기의 뒤틀림이 자연스럽다. 비바람이 부는 대로 살아온

줄기와 가지가 치장 안한 맨살의 얼굴 같이 깨끗하고 정감이 간다. 이런 본래 모습은 인공적으로 다듬고 손질하는 획일적인 관리에 식상한 사람들에게는 마음에 드는 곳이다.

왕릉은 엄숙하면서도 고상하고, 평화롭고도 품위가 있다. 여기에는 언제든지 찾아와도 좋다. 오뉴월 푸른 나무숲으로 둘러싸인 왕릉 주위의 풍경은 가관이다. 같은 햇살이라도 진흙 위에 내리면 흙색이 되듯이, 녹음이 짙은 초여름의 왕릉 주위는 온통 녹색 일색이다. 나뭇가지에 둥지를 튼 새들의 지저귐이나 숲 사이로 살며시 불어오는 미풍은 귀와 마음을 맑게 해 준다. 지난날의 고민과 고뇌는 평화로운 이곳에선 한바탕 기우일 뿐이다.

단풍이 들고 낙엽이 지는 늦가을에는 또 다른 분위기에 젖어 들게 한다. 은빛 갈꽃의 화려함은 소박한 결실의 풍경으로 바뀐다. 저무는 세밑에 오면 잠시 시간의 흐름을 느낄 수가 있다. 마른 가지 사이로 찬바람이 불면 푸른 노송에서 묻어나는 송진의 향기가 새어난다. 떠날 것 다 떠나고, 떨어질 것 다 떨어진 텅 빈 계절의 서산마루에는 노을이 치자빛으로 물들고 있다. 능 주위도 타는 빛으로 적막하다.

왕릉 주위에 바람이 일면 나뭇가지만 흔들리는 게 아니고 온갖 탐욕과 번뇌 그리고 허영의 헛가지도 같이 흔들린다. 삶의 의미를 잊은 채 여유 없이 힘들게 살아왔기 때문인가 보다. 삶이란 용광로처럼 강렬하다 석양처럼 순식간에 흔적 없이 사라지는 길지 않은 세월인데, 귀중한 지난 시간을 하는 일 없이 낭비한 태만과 교만이 얼마나 어리석은지 아쉬움만 든다.

가끔 마음이 어수선하고 피곤하면 능을 찾아 아늑하고 포근한 분위기 속에서 휴식을 가져본다. 마음이 편해지면 당시의 찬란한 신라문화를 창조할 수 있었던 지혜와 삼국의 다툼에서 승리할 수 있었던 저력이 어디에서 나왔는지도 생각해본다. 아마도 왕릉처럼 사치스럽지 않으면서도 온화하고 간결함을 잃지 않은 그 시절 사람들의 정서 때문일 것이다.

앞으로 유적지로 경주의 미래가 밝지는 않을 것 같아 안타깝다. 머지않아 장엄하고 엄숙해야 할 고도의 한 가운데로 고속열차가 지날 것이다. 이로 인한 진동과 소음으로 문화재와 사적지가 훼손되면 그때에도 왕릉에서 한가로운 여유를 즐길 수 있을까. 왕릉에서 석양을 바라보며 에밀레종소리까지 들을 수 있는 행운이 온다면 좋겠으나, 이것은 꿈같은 이야기가 아닐는지.

마침 화려한 저녁노을을 가리는 삭막한 콘크리트 아파트 숲을 보는 순간, 꿈은 사라지고 소중한 옛것을 잃어버리는 것 같아 가슴이 저려온다.

바스토우를 지나며

평화롭던 어느 마을에 원인을 알 수 없는 질병으로 사람과 가축들이 함께 고통을 받고 있었다. 임산부가 이유 없이 자연유산을 하고, 건강하던 사람이 갑자기 암에 걸려 괴로워했다. 기르던 가축에도 이상이 나타났다.

이때 법률회사에 근무하던 여직원이 우연히 저장된 서류를 정리하던 중, 주민들의 질병은 인근에 건설된 전기회사와 관련이 있다는 걸 안다. 그녀는 회사에서 배출하는 중금속 크롬이 식수원을 오염 시키는 것으로 추측하고, 끈질긴 추적 끝에 사실을 밝혀낸다.

그동안 주위의 유혹과 협박으로 생명에 위협을 받았으나, 그녀는 소신을 접지 않고 주민들과 합심하여 법적 투쟁을 벌인다.

결국 지역주민들은 전기회사로부터 피해에 대한 충분한 보상을 받는다. 앞으로는 중금속 크롬의 사용을 중지하고, 모든 저장용 물탱크에는 오염물질의 누출을 막아 재발을 방지하겠다는 약속도 받아낸다.

스티븐 소드버그가 감독한 영화 「에린브로코비치」는 이렇게 끝을 맺는다.

이 영화는 미국 서부를 여행하던 중 사막도시 바스토우를 지날 때 관광버스 안에서 보았다. 공해 문제를 다룬 영화 한 편을 보면서, 우리는 자연에 어떤 인식을 갖고 있으며, 환경에 어떤 가치를 두어야 하는지 되돌아 볼 기회가 되었다. 자연환경이 훼손되면 인간의 가치 있는 삶도 무너진다. 지금도 환경을 파괴하는 그 중심에는 이기적인 인간들이 있다. 자연의 혜택을 가장 많이 받고 있는 인간들에 의해 자연이 훼손되는 것은 아이러니한 불행이다.

여행객들의 지루함을 달래기 위해서인지, 한 방울의 물도 귀한 사막지대를 지나면서 어떤 암시를 주기 위함인지, 영리한 안내원은 영화를 감상할 기회를 주었다. 선정적이고 폭력적인 화면이 판을 치는 요즘 취향에서 보면, 이 영화는 어쩌면 사막을 지나는 여정보다 더 지루할 수도 있었다. 그러나 자연환경의 훼손을 막기 위해 투쟁했던 지역주민들의 실화인 이 영화를 보며, 물의 소중함을 알고 환경보전의 필요성을 절감했다.

실제로 이 지역주민들이 생활하기에 기후조건이나 자연환경이 썩 적합하지 않은 것 같았다. 이런 환경조건이 오히려 자연을 그대로 보존하면서, 제대로 적응하려고 애썼는지 모른다. 야생동물을 보호하기 위해 차량의 통행이 잦은 도로 주변에는 펜스를 설치하고, 위험한 곳을 미리 알려준다. 동물이 쉽게 왕래할 수 있도록 찻길 아래로 작은 터널을 만들어 동물을 보호하는 그들의 배려와 지혜가 부럽다. 국립공원에서도 생태계의 파괴를 막고, 동식물의 성장을 보호하기 위해 많은 관심을 갖는다. 공원에 있는 동물들도 먹이를 스스로 해결하는 자생력을 키우고, 야생적 본능을 살리기 위해 함부로 먹이를 주지 못하게 한다.

자연환경을 바르게 지키고 보존하겠다는 그들의 신념은 각별하다. 무공해 풍력발전기를 산 위에 설치하여 풍부한 전력을 생산하면서도, 자연환경에는 손상을 주지 않도록 한다. 공원과 유원지의 관리도 항상 환경을 우선으로 생각하고 있다. 당장은 불편하더라도 시설물의 설치를 될 수 있으면 자제하려고 한다. 공공장소에 시설물을 설치하면 편리하기는 하나, 환경의 피해는 어쩔 수 없다. 지금의 우리보다는 남과 후손을 위해 당장 불편함은 참아야 한다는 게 그들의 소신이다. 이런 생각은 타인에 대한 배려이면서, 자연을 올바르게 지키겠다는 의지이다.

그들은 모든 자연에는 혼이 있다고 믿는다. 그래서 풀 한 포기, 돌멩이 하나라도 제자리에 놓여 있을 때가 아름답고 가치 있다고 여기는 것 같다. 바람에 뒹구는 솔방울이나 바위틈에 낀 이끼 한 줌이라도 그대로 지키고 보호하려는 게 그들의 신념이다. 자신의 몸보신을 위해 사슴피를 마시고, 곰쓸개를 꺼내 먹는 자들에게는 이해가 안 되겠지만, 자연을 바르게 지키겠다는 그들의 집념과 애착은 전혀 흔들림이 없어 보인다.

우리나라 사람들은 자연환경의 중요성을 제대로 인식하지 못하고 있는 것 같다. 도심에 있는 산중턱까지 고층아파트를 세우고, 공원이나 유원지에도 분별없이 언제든지 인공 구조물을 설치하고 있다. 자연에 대한 관심도, 지키겠다는 의지도 없다. 환경보전에 대한 무관심과 그로 인해 초래되는 재난을 너무 가볍게 생각하고 있다.

자연환경이 손상되면 물의 과부족 사태와 수질의 오염으로 심각한 환경문제가 생긴다. 물이 소중했던 것은 인류문명이 발생하였을 때부터였다. 물은 사람을 부르고 모은다. 물 있는 곳에 인류의 삶의 터가 형성되고, 도시가 생겼다. 세계문명의 발상지가 물이 풍부한 하천 유역에서부터 먼저 형성된 것을 보더라도, 인류 사회에 미치는 물의 가치를 알 수 있다. 사람들은 한시도 물을 떠나 살 수 없다. 물은 인간이 생존하는 원천이다. 물은 모든 생명체를 유지하는 근간이며, 만물을 구성하는 근본적인 실체이기도 하다.

요즘 문명사회에서 물을 사용하는 사람들의 형태는 너무 대조적이다. 마음대로 물을 물 쓰듯 소비하는 문명인들의 물의 낭비가 있는가 하면, 나뭇잎에 고여 있는 새벽이슬을 모아 식수로 사용하는 열대 아프리카인들이 겪는 물의 갈증도 있다. 지금도 지구 한편에서는 전쟁의 참혹함보다 더 무서운 겨울가뭄으로 고통을 받고 있다. 생명의 원천인 물이 고갈되어, 삶의 터전을 등지고 물을 찾아 유랑길을 나서는 사람들도 있다.

'나라 간 분쟁의 주된 원인이 지난 세기에는 석유자원에 있었다면, 앞으로는 수자원의 확보에 있다'고 세계은행은 전망한다. 물의 소중함을 알려주고, 물을 쓸데없이 낭비하는 문명인에게 보내는 경고이다. 환경의 중요성을 소홀히 하고 자연을 훼손하여, 물이 부족할 때 닥칠 심각한 재난에 대한 예측과 현명한 대책이 있어야겠다.

여행 중, 사막지대 바스토우를 지나면서 본 영화 한 편이 자연환경과 물의 소중함을 깨달게 했다. 자연환경을 자연스럽게 지키려는 그들의 소신과 신념에 부러운 마음이 들었다. 그 부러움은 그랜드캐년의 신비스러움이나, 요세미티공원의 웅장함이나, 넘치는 부유한 경제력보다 더 큰 것이었다. 다른 사람을 위해 깨끗한 자연을 유지하고, 후손을 위해 쾌적한 환경을 보존하려는 그들의 굳은 의지와 아름다운 정신에 대한 더 큰 감동이었다.

굿바이, 지리산

노고단에 오르니 새벽 공기가 싸늘하다. 운해를 감상하기에는 아직 이르다. 맑은 하늘에는 하현달과 별들이 보석 같이 빛나고 있다. 폴짝 뛰어 팔을 뻗으면 수월하게 별 하나쯤은 딸 것 같이 별이 가깝다. 교교한 달빛 속에 별들이 총총하다. 달과 별에서 바라보면 지리산도 저렇게 밝고 아름다울까.

서쪽 하늘에서 밝은 유성이 장대 같이 긴 흔적을 그리다 사라진다. 어린 시절에 보고 오랜만에 만나는 별의 운명이다. 그때는 단지 어둠 속으로 잠시 자취를 감추는 것이라 생각했으나, 오늘의 느낌은 다르다. 무한한 우주의 허공 속으로 영원히 사라지는 존재의 가치가 유별나게 느껴진다.

마음이 허전할 때 가끔 지리산을 찾는다. 어느 날 갑자기 삶의 자리가 낯설게 느껴지고, 이 자리가 내 자리가 아니라고 여겨지면 지리산 능선길이 떠오른다. 자제할 수 없는 따분한 현위치를 이탈하고 싶은 마음이 들면 더 간절하다. 산을 찾으며 우주의 빛과 자연의 소리를 듣는 낭만의 시간도 갖고, 잃어버린 에너지도 재충전 할 수 있다.

고개를 넘어서니 어느 계곡에서 피어나는지 새벽안개가 산등성이를 감싸고, 내 뺨을 기분 좋게 스쳐 지나간다. 하현달에 비치는 안개의 움직임이 환상적이다. 동이 트기 시작하니 멀리 능선이 나타나고 산 그림자가 뚜렷해진다. 새벽노을에 하늘이 오렌지색을 하고 산도 잠에서 깨어난다. 하루가 이 조용한 산속에서 시작된다.

삼도봉에 오르니, 먼 산마루에서 해가 얼굴을 내민다. 날씨복은 있는가 보다. 지리산에서의 황홀한 일출이 그리 흔한 일인가. 우주에서 달려온 찬란한 빛의 에너지가 대자연 속에서 기를 불어넣고 있다. 산은 온통 초록의 바다며, 절벽에서 뛰어내려도 아프지 않을 잔디 같이 부드럽다.

편한 산길을 기분 좋게 걸으니, 야생화가 무리지어 피어 있다. 한때는 이념의 충돌로 살벌 했던 이곳에 이렇게 평화로운 공간을 만나다니. 이 높은 곳에서 아름다운 꽃밭을 보니 천국에 온 것 같다. 하얀 싸리꽃이 피어 있고, 원추리가 빙긋이 웃으며 벌과 나비를 유혹하고 있다. 험한 이곳에서 비바람을 맞고 사는 꽃은 분명 향기도 짙고 윤기도 다르다. 거름 주면서 키운 온실속의 꽃과는 분위기가 다르다. 야생화가 아름답게 보이는 것은 아직도 내 마음이 행복하기 때문인가. 꽃과 벌과 나비, 이 모두가 대지의 한 소중한 생명체이며, 우주 속의 티끌 같은 존재란 생각이 든다.

아침햇살을 받으며 봉우리를 넘는데, 엎어놓은 조롱박 같은 주인 없는 무덤을 만난다. 그 흔한 묘비도 없이 다소곳이 봉분만 외롭다. 높고 먼 이곳에 집을 지은 것은 망자의 고집인가, 자손의 정성인가. 여기에 묻히고 싶었을 애절한 사연이 궁금하다. 참으로 정성이 대단한 무덤이다.

지리산 등뼈의 한가운데에 벽소령이 있다. 달빛이 환상적인 곳이다. 노고단의 구름바다, 피아골의 가을 단풍, 반야봉의 저녁노을과 함께 지리산의 매력에 넋을 잃게 하는 곳이다. 지리산의 심장부라는 세석평전은 봄 철쭉 꽃길로 유명하며, 지리산 최대의 평원지대이다. 높은 곳은 항상 뾰족한 것으로만 생각했는데, 이런 높은 산에 넓은 평원이 있다니 신기하다.

이 넓은 평전은 사방으로 길고 웅장한 계곡을 거느린다. 곳곳에 숨어 있는 계곡의 비경 속에는 숱한 사연도 많을 것이다. 골마다 가지가지 애환과 정담을 안은 채 많은 세월을 삭여 왔다. 인적이 드문 자연 속에 절경인 계곡이 있는가 하면, 이념 투쟁으로 민족의 아픈 상처를 간직한 계곡도 이곳에서 시작된다.

지리산은 멀리서 보면 육산의 모습을 하나 길을 걸으면 노출된 암석과 바위로 돌산의 숨은 모습을 볼 수 있다. 설악산이 아기자기한 골산이라면 지리산은 보기에 웅장하고 기골이 광대한 육산의 모습이다. 워낙 산세의 품이 넓고 커서 항상 느낌은 푸근하고, 친화적이고, 자애롭다. 의욕을 잃고, 자신이 없어 방황하는 자를 보듬는 포용력과 자비가 있다. 하지만 자연을 가볍게 여기고, 순응을 거부하는 자에게는 혹독한 시련을 주는 매서움도 있다.

지리산 100리 주능선에는 고산준령이 활처럼 굽어 하늘을 찌를 듯 펼쳐진다. 높은 이곳에 이렇게 긴 산길이 많은 사람들을 부르고 있다. 산꾼들을 유혹하기에는 충분한 매력이 있다. 백두대간의 끝이자 대간 종주의 시작인 지리산. 한반도 백두대간의 끝자락에 이런 웅장한 뫼가 있다는 것은 풍수지리학적으로 의미가 큰 것 같다.

그러나 지리산은 신음하고 있다. 찾아드는 인파로 경치 좋은 계곡은 몸살을 앓고, 분별없는 개발로 산의 속살을 헤집고 있다. 산길은 맨살을 드러내어 보는 마음을 아프게 한다. 산허리를 잘라 만든 도로로 생태계가 단절 되고, 야생동물은 자취를 감춘다. 아늑하고 포근한 지리산은 알게 모르게 훼손되어 앓고 있다. 사람들은 지리산에 대한 애정과 무관심을 함께 갖고 있다.

지리산은 웅장하고 예사롭지가 않다. 바다 같이 넓고 하늘 같이 높다. 하지만 우주의 크기에 비하면 이 산의 높이와 넓이와 계곡의 깊이가 무슨 의미가 있을까. 우주의 광활함에는 산도, 그 위를 걷고 있는 연약한 사람도 그게 그거다. 지리산에 서니 모든 것이 크고, 모든 것이 작아 보인다. 크고 작음의 의미가 희미해진다. 높고 낮음의 경계가 사라진다. 작은 먼지 하나가 온 세상을 다 품고 있다는 진리 하나가 스친다. 속세의 지혜는 부질없음을 가르치고 깨달게 한다. 언제 이 높은 지리산에 다시 오를 수 있을까. 굿바이, 지리산.

향일암 가는 길

동백꽃의 고장 여수와 그 섬 끝머리에 있는 향일암은 돌산대교로 연결되어 있다. 예전에는 뱃길이었던 암자 가는 길이 이제는 이 다리를 지나면서부터 시작된다. 절벽 위에 새집 같이 걸터앉은 이 작은 암자를 향하는 마음은 꼬불꼬불한 산길을 돌아가면서 여유를 갖는다. 운치가 있고, 정감이 넘치는 길이다. 길가에 늘어선 동백나무를 따라 호수 같이 고요한 바다를 바라보면 부드러운 해풍을 타고 해조음이 들린다. 마음이 풀리고 정신이 맑아지는 것은 출렁이는 물결소리 때문인가 보다. 갯가의 정취가 있고, 한적한 어촌의 풍요로움도 있다. 산자락에 기댄 황토 빛 마을이 적적하면서도 평화롭다. 야트막한 산에는 서럽도록 화려한 매혹적인 봄꽃이 지천으로 피어있다. 길목이 이렇게 자연스럽고 낭만적이다. 춥지도 덥지도 않은 봄날 하루 모든 시름 잊고 이 길로 나서면 답답한 가슴이 후련해진다.

여기를 처음 왔을 때는 봄날에 아지랑이가 보일 정도로 맑고 포근한 날씨에 바람 한 점 없었다. 그런데 이번 나들이는 돌산대교를 지나면서부터 다소 거친 봄비를 만났다. 비 내리는 소리가 봄을 부르는 것 같다. 산마루를 감싸는 자욱한 안개 사이로 진녹색의 보리싹이 비를 머금고 대지를 향해 힘차게 솟아나고 있다. 자연과 환경과 생명의 소중함을 일깨워 주듯 살아 숨쉬고 생동감이 넘친다. 산수유와 배꽃이 피는 듯 지고, 잔잔한 바다를 끼고 도는 길가에는 샛노란 유채꽃이 길을 밝히고 있다. 다도해해상공원을 덮고 있는 운무는 한 폭의 수채화이고, 젖은 바다 위로 물새가 무리를 지어 날고 있다.

산등성이를 뒤덮고 있는 꽃들이 손에 잡힐 듯 가까워 보인다. 갓 피기 시작한 산벚 꽃잎이 비바람에 떨어져 초겨울 내린 싸락눈처럼 쌓여있다. 막 터져 나온 소나무가지의 연두색 새순에서 겨울과 봄의 징검다리를 지나는 계절의 변화를 느낀다. 경사진 산길에 5백년 넘은 수령의 동백나무 한 그루가 멀리 수평선을 바라보고 있다. 주위는 온통 동백 숲이다. 녹색의 굵은 잎사귀와 빨간 꽃잎의 조화로운 대비가 너무 강하고 환상적이다.

어떤 화가가 그린 그림의 물감보다 곱고 아름답다.

동백꽃을 필 때는 보고, 질 때는 느낀다고 한다. 지는 모습이 더 아름답다 하나 그래도 살아 있는 꽃이 보기에는 편하다. 시리도록 눈부신 화려한 개화와 품위를 잃지 않은 낙화의 모습을 함께 보는 것은 감동적이다. 터질 것 같은 꽃망울이나 떨어져 움직이는 꽃송이나 모두가 느낌이 강렬하고 인상적이다. 비바람에 떨어진 꽃송이가 어지럽게 길가에 널려있다. 금세 졌는지 아직 꽃잎은 마지막 숨을 몰아쉬고 펄럭인다. 떨어질 땐 고통도 소리도 컸겠다. 꽃 진자리에는 현세에서 내세로 건너간 아픈 흔적이 생생하다.

한 잎씩 감질나게 떨어지는 벚꽃이나 목련과는 달리, 추하게 시드는 장미와도 다르게 아무런 아쉬움 없이 송이째 부러진 모습이 너무나 당당하다. 떨어져도 피기 전이나 피어 있을 때처럼 자취가 한결같다. 폭군에 항거하다 단칼에 뚝 떨어지는 충신의 목처럼 선명한 붉은 꽃송이가 섬뜩하고 장엄하다. 밟히면 금방 선홍색 피가 쏟아질 것 같아 걸음이 조심스러워진다. 비바람에 진 억울한 삶에 대한 원망과 여한도 없이, 구차한 변명 한마디 없이 내년 봄을 기약하며 자연에 순응하는 모습이 가련하다.

똑같은 흙 속의 수분을 먹고, 같은 공기를 마시고, 같은 햇빛을 받고 자라는 나무도 종류에 따라 꽃의 자태가 필 때 다르고 질 때 다르다. 떠나야 할 때 미련 없이 떠나는 사람처럼, 질 때 지는 꽃은 품위가 있다. 출세를 위해 권력을 잡고, 자리나 지위에 미련이 남아 부패하고 무능하면서도, '나 아니면 안 된다'는 착각 속의 인간들에게 떨어진 꽃송이는 낙화의 의미를 전해 주는 것 같다.

암자를 향한 가파른 산길이 계속된다. 숨찬 오르막길이 고달픈 인생살이처럼 힘들다. 이 힘든 길을 가벼운 마음은 놓아둔 채 욕심으로 가득 찬 육신의 무게를 짊어지고, 중생들은 힘들게 올랐으리라. 지은 업보를 덜기 위해, 자비와 지혜를 얻기 위해, 또 어떤 이는 복을 빌기 위해 가픈 숨을 몰아쉬며 걸었겠지. 그러다가 문득 깨우쳤을 것이다. 복이란 빈다고 오는 것도, 원한다고 받는 것도 아니라 베풀면 찾아온다는 것을.

비탈길을 숨차게 올라오니 절 마당이 적막하다. 가파른 벼랑에 새 둥지 같은 암자가 바다 위에 뜬 것처럼 보인다. 미풍에 흔들리는 풍경과 예불소리가 정겹고 평화롭다. 암자의 말없는 베풂이 고맙다. 오를 때의 고통과 괴로움은 환희와 즐거움으로 바뀌고, 피로와 시름이 안개 걷힌 듯 사라진다. 동백 숲으로 싸인 암자에서 먼 바다를 바라보면 속세의 상한 마음과 헝클어진 매듭이 풀리는 듯 편안해진다. 살아가는 즐거움 중에는 이런 아름다운 작은 절을 만나는 것도 있나보다.

절에서 바라보는 경치가 바로 절경이다. 대웅전 앞마당에 서니 넓고 푸른 바다가 발아래에 있다. 어디가 바다이고, 어디가 하늘인지 분간이 어렵다. 점 같이 아름다운 섬들이 부평초처럼 떠 있다. 중생들의 소원에 감응했다는 감응도, 부처님이 상주했다는 세존도, 아미타불의 미타도, 이런 섬들을 바라보면 삼독에 빠지고 망상과 번뇌로 고민하는 중생에게는 자비와 희망을 전해주 듯 평온해진다.

산의 형상도 특이하다. 육각문형을 한 거북등 같은 기암괴석과 동백 숲으로 싸인 산은 마치 거북이가 경전을 등에 지고 막 용궁으로 들어가는 모습이다. 동백 숲 속의 대나무가 바람에 흔들린다. 얼마 전부터 자욱한 안개 속에서 어린 사미승이 바위에 앉아 하늘과 바다와 동백꽃을 한참 바라보고 있다. 궁금해진다.

무슨 인연으로 왔다가 무얼 생각하고 있을까. 황홀한 절경에 넋을 잃고 마음에 조그마한 동요라도 일고 있을까. 떠나온 집 생각을 하고 있는지, 헤어진 가족을 그리워하는지 아니면 먼 장래를 그려보는지. 구름 같이 왔다가 달 같이 간다는 나그네 같은 인생 여정을 생각하는지. 인생을 생각하기엔 아직 이른 것 같고, 미래를 그려보기엔 아직 어린 것 같다. 그러나 모를 일이다. 어린 스님은 저 멀리 보이는 바다만큼이나 넓고, 하늘만큼이나 높은 또 다른 세상을 상상하고 있는지 알 수 없는 일이다.

4.

과수원집 아이들

거미집

시골에서 초등학교를 다니던 어느 날이었다. 수업이 끝나고 교실 청소를 하는데 선생님이 들어오셨다. 바닥에서 굼틀거리는 거미를 발견한 선생님이 "이게 무엇이냐?"고 물었다.

"거미입니다. 곤충이고요."

내 말이 끝나자마자, "뭐, 거미가 곤충이라고…" 하며 별 희한한 녀석을 다 보았다는 듯 웃으셨다. 무식이 탄로 나는 순간이었고, 이때부터 거미에 관심을 갖게 되었다. 당시 산촌에서는 흔히 거미집을 볼 수 있었고, 거미의 생태를 관찰할 기회도 많았다. 그 후 거미는 생존경쟁이 치열한 우주 공간에서 살아남기 위해 곤충과는 다른 독특한 형태학적 구조와 특이한 기능을 갖고 있다는 걸 알게 되었다.

거미는 더듬이가 없어도 물체의 존재를 파악하는데 민감하다. 날개 없이도 날아다니는 벌레를 잡을 수 있는 신기한 능력도 갖고 있다. 이런 형태와 기능을 보면 창조주가 이 미물에게 얼마나 많은 도움과 큰 혜택을 주었는지 짐작할 수 있다. 거미는 입에서 실을 만들어내는 누에와는 다르게 복부에 독특한 분비물인 실을 뽑아내는 실샘과 실젖을 갖고 있다. 액체 상태의 실이 실젖을 통해 나와 공기와 접촉하면 굳어져 거미줄이 된다.

거미가 공중에서 거미줄을 뽑아내면 이 줄은 바람을 타고 올라간다. 무게를 지탱할 정도의 부력이 생기면 곧 몸을 이동하여 거미는 살기 좋은 곳으로 공중여행을 떠난다. 거미가 날아가는 여행길은 바람만 알 뿐 아무도 모른다. 벌레가 노는 풀밭이나 곤충들이 날아다니는 깊은 숲 속으로 소리 없이 바람이 거미를 데려다 준다. 날개 없는 거미가 지구의 다양한 환경에서 발견되는 것은 이런 독특한 유사비행으로 날 수 있기 때문이다.

거미의 조상은 원래 수중생활을 하였다. 진화과정에서 육지로 올라와 긴 세월 동안 동굴이나 땅속에서 살았다. 그 후 어두운 곳을 탈출하여 땅 위를 배회하거나 공중에서 거미줄을 쳤다. 현재의 거미들 중에는 진화 단계의 생활형을 그대로 유지하기도 하며, 생활 장소도 다양하다. 거미는 환경에 슬기롭게 적응하여 공중에서는 물론이고 땅속, 물속 등 우주의 빈 공간이라면 어디든 집을 짓는다.

조망성 거미는 공중에 그물을 치며, 그물의 모양은 거미의 종류에 따라 다양하다. 거미라고 모두 거미줄을 치지 않는다. 땅거미는 땅속에 굴을 파서 대롱 모양의 집을 짓고 산다. 물거미는 호수나 연못 속에서 종 모양의 집을 짓고, 거미줄이나 수초를 따라 이동한다. 이들은 대부분 물속에서 다리나 배의 털로 공기를 운반하여 집 속에 공기를 채우며 산다.

거미의 먹이사냥은 거의 본능적이고, 지능적이다. 거미의 표피에는 흔들림을 감지하는 민감한 촉각이 있다. 거미줄에 벌레가 걸리면 파닥거리는 진동을 다리에 있는 감각털로 감지하여 재빨리 줄을 뿜어 먹이를 잡는다. 걸려든 먹이에 엄니를 꽂고 독액을 주입하여 벌레를 죽인다. 독액은 소화액의 역할을 하며 먹이를 녹인다. 나중에는 소화액에도 녹지 않는 곤충의 껍질만 허공의 거미줄에 비참하게 걸린다. 날개 없는 거미가 공중을 장악하고 날아다니는 곤충을 잡는 기술, 이것이 우주 공간에서 생존하는 거미의 지혜이며 능력이다.

거미는 자기 영역에 침투한 다른 거미와 목숨을 걸고 싸우는 습성이 있다. 거미는 생김새가 징그럽고 음충스러워 설화나 전설에 자주 등장한다. 거미는 외모처럼 그렇게 해롭지 않다. 집안에 나타난 거미로 길흉을 점치기도 한다. 아침에 만나는 거미는 기쁨을 주는 길조로, 저녁 거미는 흉조라 여긴다. 거미집을 폐가나 몰락한 가문의 상징처럼 그려 놓지만, 그건 거미에 대한 모독이다.

거미는 자신의 몸에서 나오는 실로 집을 짓고, 먹이를 해결하는 신비스런 재주가 있다. 거미는 종족을 보존하고 삶의 터전을 마련하기 위해 밤을 새며 그물을 짠다. 이 그물 집은 자신과 가족을 지키는 은신처로, 생활의 안식처로 사용한다. 몸 하나가 재산인 거미는 처마 밑의 제비집이나 나무 위의 까치집과는 달리, 대부분의 건축 자재를 몸 안에서 꺼내온다. 밤새도록 고통과 괴로움을 참아가며, 실샘에서 실을 토해내며 집을 짓는다. 실젖에서 나오는 고통 하나로 주춧돌과 서까래를 놓고, 또 한 번의 아픔으로 들보와 기둥을 세운다. 누구의 설계보다 섬세하고 완벽하며, 어느 목수가 지은 집보다 실하고 여물다. 어떤 건축가가 허공에 이렇게 아름답고, 지진에도 끄떡없는 튼튼한 집을 지을 수 있을까.

거미집은 인간이 지은 어떤 건축물보다 환경을 우선한다. 집을 짓는다고 주위를 소란스럽게 하지 않는다. 대기를 오염시키지도 않고, 땅을 황폐화시키지도 않으며, 물을 더럽히지도 않는다. 소음 공해로 이웃을 괴롭히지도 않는다. 물속에서 집을 짓고 사는 수중거미도 물방울 하나 스며들지 않게 정교하게 지으면서도 주위에 피해를 주지 않는다. 거미가 빈틈없이 집을 짓는 기술은 생물들의 끊임없는 진화의 한 과정이라고 진화론자들은 믿고 있다.

어릴 때, 아침에 일어나면 시골집 뜨락에서 밤이슬에 젖은 거미집을 자주 보았다. 거미줄이 아침 햇살에 은실목걸이처럼 빛나면, 거미집은 행복하고 평화로운 삶의 터전이 된다. 그러나 거미줄에 맺힌 이슬이 사라지고 한낮이 되면, 거미집은 먹고 먹히는 처절한 전쟁터로 변한다. 약하게 나울거리던 가는 거미줄이 밧줄처럼 팽팽해진다. 이보다 더 잔혹한 싸움터가 어디에 있을까.

해거름에는 거미와 그의 덫에 걸린 나비와의 생사를 건 사투가 벌어진다. 살기 위해 발버둥을 치는 초조한 나비와 이를 노려보는 거미로 평화롭던 허공에는 살벌한 긴장감이 감돈다. 생존을 위해 먹이를 놓치지 않으려는 거미나, 목숨을 건지기 위해 그물을 퍼덕거리며 탈출을 시도하는 나비나 입장이 절박하기는 마찬가지이다.

지친 나비의 날개가 거미줄에서 힘없이 파르르 떨면 나비의 노란가루가 공중에 날린다. 여기서 꿈을 접어야 하는 나비의 원통함을 알아 줄 여유가 거미에게 있을까. 그래도 한 번쯤 자비를 베풀었으면 하는 마음만 간절할 뿐 어쩔 도리가 없다. 나의 작은 가슴도 나비처럼 팔딱거리며 떨고 있을 뿐이었다.

과수원집 아이들

3월에 새 학기가 시작 되면, 산골에도 해동의 기미가 보였다. 햇살도 점차 밝아지고, 그림자의 길이도 조금씩 짧아졌다. 타지에서 전학 온 학생과 사범학교를 갓 졸업하고 부임한 선생님들의 낯선 얼굴이 보였다. 마을과 학교가 함께 분주했다.

과수원집 아이가 이 시골에 나타난 것도 이때쯤이었다. 도시에서 사업에 실패한 부모를 따라 여기로 전학 왔다. 그는 촌티가 묻어있는 우리보다 한결 세련되어 보였고, 아는 것도 많았다. 도시 구경을 못한 대부분의 친구들에게는 그의 말은 먼 나라 이야기처럼 흥미로웠다. 학교 가는 것이 즐거울 정도로 그는 이미 우리 마음속에 들어와 있었다.

얼마간 시일이 지나니, 그에게도 차츰 결점이 보이기 시작했다. 허풍이 새고, 과장이 심했다. 어떤 때는 선동적이며, 산만하기도 했다. 이런 행동에 몇몇은 실망하고 등을 돌리기도 했다. 그러나 덩치가 큰 그는 결코 약자를 괴롭히거나 촌아이라고 업신여기지 않았다. 살갑지는 않았으나, 매정할 정도로 쌀쌀하지도 않았다.

한 번은 교실에서 도난사고가 일어났다. 전에도 가끔 있었던 일이라 누구의 소행인지 새로 부임한 담임선생님은 몰랐지만, 학생들은 대충 짐작을 하고 있었다. 눈을 감게 하고 훔친 자는 자진해서 나서라는 선생님의 호통이 있었다. 교실은 쥐 죽은 듯이 조용했다. 시간이 지나도 나서는 학생이 없자, 선생님은 화가 잔뜩 났다. 분위기가 살벌했다. 자수하는 학생이 나올 때까지 집에 못 가게하고, 모두 손을 들어 벌을 주었다. 눈치만 보고 모두가 떨고 있는데 의외로 그 아이가 앞으로 나갔다.

선생님은 왜 훔쳤는지 이유를 물었으나, 그는 말이 없었다. 회초리로 여린 손바닥과 장딴지를 후려쳤다. 장딴지에는 붉은 줄이 가로로 생겼다. 아픈 표정도 짓지 않고, 눈물도 흘리지 않았다. 보는 우리가 더 아팠다. 자리로 돌아온 그를 보고 "네가 한 짓이 아닌데, 왜 맞았느냐?"고 물었다. 그는 싱긋 웃을 뿐 말이 없었다. 누구를 원망하거나 억울해 하지도 않았다. 손버릇이 나쁜 다른 아이는 뉘우쳤는지, 그 후로는 교실에서 도난사고는 없어졌다.

나는 그때부터 그를 좋아하고 따랐다. 그에게는 생소한 시골의 모든 걸 보여 주고 싶었다. 초여름에는 밀서리를 하고, 한겨울에는 언 손으로 연을 같이 띄웠다. 그는 여태껏 경험해 보지 못한 시골놀이에 쉽게 적응하며 마음껏 즐겼다.

학교운동장 앞에는 넓지 않은 벼논이 있었다. 그는 벼를 모르고, 쌀이 어떻게 나오는지도 몰랐다. 벼를 신기한 듯 바라보는 그의 모습이 우습고 재미있었다. 도시의 많은 것을 알면서도 이 흔한 벼를 모른다고 생각하니, 묘한 우월감이 들었다. 좁다란 논길을 지나면 맑은 시냇물이 흐르는 내가 있었다. 이 개천을 징검다리로 건너야 과수원으로 갈 수 있었다. 징검다리는 과수원으로 통하는 유일한 길이었다. 장마철에 물이 불어 징검다리가 잠기면, 바지를 걷고 냇물을 건너야 했다. 더 많은 비가 내려 물이 불어 물길이 세어지면, 그는 냇물을 건너지 못하고 그런 날은 결석을 했다.

나는 그를 따라 학교를 마치면 자주 과수원에 갔다. 시골 과수원이라 그리 크지 않았다. 과수원이라면 으레 사과나무만 있는 곳인 줄 알았으나 배, 복숭아, 감나무도 있었다. 사과, 배,

복사꽃이 피는 봄에는 과수원이 화원 같이 화려했다. 사과꽃이 3가지 색상으로 며칠 사이에 변한다는 걸, 그때 알았다. 몽우리가 지면 빨간색이, 꽃잎이 펼쳐지면 연분홍이 되었다, 나중에는 하얀색으로 변했다. 자연의 조화치고는 참 신통했다. 세월이 흐르면 달라지는 사람의 모습처럼 꽃잎도 변하고 있었다.

과수원의 낮은 담은 능소화와 줄장미가 덮고 있었다. 이른 봄에는 마당에 매화가 하얗게 피었다. 해거름의 어둠 속에 보는 매화는 별처럼 희었다. 철 따라 과목에 꽃이 피고 지면, 그 자리에는 열매가 매달렸다. 꽃이 피고 져야, 열매가 열린다는 걸 알았다. 흰장미는 흑장미보다 향기가 세고, 백매의 향기는 홍매보다 더 멀리 간다는 것도 그때 알았다.

지금도 그가 따 주던 루비 같이 고운 빛깔의 홍옥과 새콤달콤한 그 맛을 잊지 못한다. 그때 나는 사과를 능금이라고 했고, 그는 사과라 우겼다. 능금이라 하면 어딘가 촌스럽고, 사과라고 하면 고상해 보여 나도 사과라 부르기로 양보했다. 능금과 사과는 종자도 다르고 나무도 틀린 걸, 그 후에 알았다. 능금은 작고 가치도 떨어진다고 했다.

그 아이에게는 학교에 다니지 않는 장애아 동생이 있었다. 보행이 불편한 동생은 우리와 같이 놀고 싶어 했으나, 형인 그는 꺼리는 눈치였다. 가족에 대한 이야기는 일절 없었고, 알고 싶지도 않았다. 가족 간에 약간의 문제가 있다는 느낌은 받았다. 집안 형편은 편해 보이지는 않았으나, 그들은 티없이 맑고 밝았다. 형은 사과이고, 동생은 능금 같다는 생각이 그때는 들었다. 철없고 경솔한 생각이라는 걸 후에 알았다.

과수원집 아이들은 학교를 졸업하기 전에 다시 다른 곳으로 이사를 갔다. 나에게 많은 것을 가르쳤고 좋은 추억을 남기며, 그는 산골을 떠나갔다. 그들이 원해 떠났는지, 사정상 마지못하여 떠났는지 알 수는 없다. 올 때 말없이 왔듯이 갈 때도 소문 없이 갔으며, 그리고는 소식이 없었다.

과거의 한 시절을 잊지 않고, 기억하는 것은 그만한 이유가 있다. 지난 일을 잊지 않고 기억하거나, 한때 기억했던 것도 언젠가 잊는 것은 어쩔 수 없는 인간 능력의 한계이다. 살다보면 오랫동안 잊지 않고 간직했으면 하는 소중한 추억이 있는가 하면, 생각조차 하기 싫은 기억도 있다. 좋은 추억이라 해서 오래 간직할 수 없고, 빨리 잊었으면 하는 싫은 기억이라해서 쉽게 잊히지도 않는다. 마음먹은 대로 되지 않는 것이 세상 이치이다.

자기가 저지른 사소한 잘못도 '네 탓으로' 돌리는 야박한 요즘 세상인심을 보면, 가끔 그 아이가 생각이 난다. 고통 받는 다른 친구들을 위해 누명을 뒤집어쓰며, 피멍이 들도록 매를 맞던 그런 용기는 어디서 나왔을까. 자신을 희생하며 남을 배려 할 줄 알던 이런 친구와 함께 보낸 나의 어린 시절은, 충분히 가치 있고 행복했다고 여겨진다.

가을 들녘에서

계절의 흐름은 빈틈이 없고 정확하다. 어서 가을이 왔으면 한다 해서 빨리 오지도 않으며, 기다리지 않는다고 오지 않는 것도 아니다. 철이란 때가 되면 저절로 바뀐다. 어김없는 계절의 순환이야말로 자연의 위대한 힘이다.

가을들녘에 서니 맑은 대기가 살갗에 싸늘하게 닿는다. 잘 익은 벼를 바라보는 마음도 넉넉하고 여유롭다. 한 해를 정리하며 거두고 수확하는 시기라 들판의 분위기는 경건하고 엄숙하다. 마무리의 의미가 얼마나 중요한지를 일깨워준다. 어려움 속에서도 제 몫을 다한 사람처럼, 온갖 회유에도 굴하지 않던 의인처럼 들녘은 의젓하고 의연하다. 한 해 동안 지치고 힘든 순간들을 견디어낸 저 들녘에서 여문 알곡보다 더 소중한 것들을 담아 본다.

가을 들녘의 풍경은 생동감 넘치며 들떠 있던 봄, 여름의 모습과는 딴판이다. 봄철의 파란 새싹이 어느덧 황금색으로 옷을 갈아입었다. 보는 자는 잠깐의 세월이었으나 벼는 긴 일생이었다. 다른 식물들처럼 벼도 항상 자연의 덕을 입고 살아간다. 적당한 봄바람에 기분 좋은 성장을 하였다. 여름 볕에서는 갈증도 느꼈고, 비바람에 혼도 났을 것이다. 인생살이처럼 힘들고 어려운 때도 넘겼을 것이다.

그동안 견디어 온 가느다란 벼의 인내와 끈기가 기특하고 대단하다. 혹독한 시련은 결실로 가는 길임을 아는 듯 고개 숙인 알찬 벼이삭이 더욱 아름답게 보인다. 이런 결실에는 농부의 정성과 수고만 있는 것이 아니다. 햇볕, 바람, 물 같은 자연의 도움과 관심이 없었던들 기대나 할 수 있었을까. 단지 농부는 자연의 잔심부름만 했을 따름이다.

동식물 할 것 없이 모든 생명체는 살아가는데 자연의 신세를 많이 진다. 봄바람, 여름비 그리고 가을볕으로 생물체는 발육하고 성장한다. 자연환경과 계절의 정확한 변화에 벼는 영리하게 적응한다. 벼는 이런 자연의 미세한 변화를 사람보다 더 섬세하게 느낀다. 봄에 뿌린 볍씨가 자라 가을볕에 여물어가는 성장과정은 신비스럽다. 벼는 따뜻한 봄바람을 맞고 뿌리를 내리다 여름비와 햇볕을 받고 성숙한다. 서늘한 가을바람에 벼는 익어가고, 알이 차면 저절로 고개를 숙인다. 누가 가르치지도 않은 이런 자연현상이 시계처럼 정확하다.

벼 한 톨이 싹이 되고, 이삭이 되어가는 자연현상에서 식물이 갖는 강한 생명력을 볼 수 있다. 철마다 다르게 자라는 벼를 바라보면 참으로 신통하다. 봄바람에 흐늘거리는 새싹은 초원 같이 시원하고 마음까지 맑아진다. 여린 싹이 언제까지나 그대로 푸르지는 않는다. 식물도 노화의 과정을 피할 수는 없다.

우연히 여름날에 논길을 걷다 운이 좋으면 벼꽃이 핀 걸 보게 된다. 순식간에 피고 지는 벼꽃의 황홀한 모습과 그 속에서 배어나는 풀잎 같은 싱싱한 향기를 실어내는 바람의 흔적이 참으로 고맙고 상쾌하게 느껴진다.

농작물은 눈을 즐겁게 하는 화초가 아닌데, 벼꽃을 보면 마음이 달라진다. 여름 볕에 피는 벼꽃은 거의 환상적이다. 하얀 솜털이 달린 벼꽃이 참 예쁘다. 가는 실오라기보다 더 여린 벼꽃은 갈꽃보다 매력적이고, 단풍보다 더 화려하다. 꽃이 지루하리만큼 오래 가지 않아 오히려 아쉽다. 오전 늦게 잠시 피었다가 오후 일찍 진다. 벼를 쌀로만 알고 있는 사람들의 눈에는 벼꽃의 아름다움이 잘 보이지 않는다. 어찌 저런 꽃에서 쌀이 나오고 밥이 되는지 신기하다.

대대로 이 땅에서 농사를 지어온 사람들의 벼에 대한 관심은 지대하다. 논에서 자라는 벼는 밭작물인 밀, 보리와는 또 다른 의미가 있다. 밭에 자라는 밀이 서양문화라면 논에 자라는 쌀은 농경문화의 상징이다. 밀, 보리가 흙을 좋아 한다면 벼는 물을 좋아한다.

벼는 다른 농작물보다 성장하는데 많은 물을 필요로 한다. 여름에 가뭄이 심하고 건조해지면, 쌀농사는 어려워지고 농부의 시름은 깊어만 간다. 가뭄이 들어 물이 부족해지면 농부들은 예민해진다. 자기 논의 수량을 확보하기 위해선 이웃 간에도 물전쟁이 일어난다. 순진한 농부들도 먹고 사는 문제가 이웃 간의 정보다 앞선다. 이들에게 벼는 단순히 식량 이상의 의미를 지니고 있다. 그들에게 그것은 바로 생명이고 목숨이다. 쌀 개방을 한사코 거부하는 농부의 절박한 심정을 이렇게 이해해야 한다.

가을 들녘의 주인은 사람이 아니라 자연이다. 사람들은 이 들녘을 잠시 빌렸을 뿐이다. 누런 알곡이 여무는 가을의 끄트머리에 선 들녘, 가을걷이가 거의 마무리되면 머지않아 스산하고 황량함으로 들녘은 텅 비어버린다. 시작도 끝도 없는 자연의 순환에 들녘은 다음을 준비하기 위해 당분간 편안한 휴식에 들어 갈 것이다.

빈 들녘은 많은 것을 가르친다. 경이로운 자연 속에서 숨 쉬는 신비로운 생명력의 소중함을 느끼게 한다. 조급하거나 초조하지 않아도 세월이 지나면 차례가 온다는 자연의 순리를 배운다. 뿌린 만큼 거둔다는 또 다른 진리도 일깨워준다. 고개 숙인 벼는 든 것 없이 시끄러운 인간에게 절제의 미덕을 보여주고 있다. 그리고 자연을 잊어버린 측은한 사람에게 한없이 겸손해야 한다는 걸 가르친다.

폐 교

사라져가는 시골 풍경처럼 문이 닫힌 초등학교의 모습이 초라하다. 잡초가 무성한 운동장은 적적하고 스산하다. 팔이 아프도록 매달렸던 철봉에는 녹이 쓸었다. 미루나무 아래 놓인 나무 의자는 삐걱거리는 신음소리를 내며 비바람에 많이 삭았다.

교실의 창틀은 작은 바람에도 너덜거리고, 깨진 유리 창문은 온통 먼지투성이다. 컴컴한 교실 구석에서 소리가 나는 것 같다. 언제 마지막 소리를 냈을지도 모를 낡은 풍금이 먼지를 덮어 쓴 채 추억 속으로 사라진다. 유리창 너머로 풍금을 치던 선생님의 밝은 웃음과 건반 위의 하얀 손가락이 아른거린다. 창 너머로 훔쳐보던 소년의 모습이 유리문에 비친다.

어두운 교실 뒷벽은 얼룩이 져 있고, 거미줄이 너울거린다.

깨끗한 하얀 벽에 고사리 같은 손으로 크레용 칠을 한 그림과 어설픈 붓글씨가 걸렸던 자리이다. 학기가 시작되어 새 책을 받아 첫 장을 펴면 나오는 종이 인쇄 냄새는 허드레 향수보다 좋았다. 퇴락한 교실에서 유독 시간의 흐름을 못 느끼는 것은 그래도 검정색 윤기가 반지르르한 칠판뿐이다. 나서 처음으로 글자를 깨우쳤던 소중한 흔적이 거기에 숨어 있다.

봄소풍과 가을운동회가 전설처럼 아득하다. 들뜬 기분으로 교문을 나서던 봄나들이에 대한 기억은 남았으되, 그 흔적은 찾을 길이 없다. 이 흙 위를 맨발로 뛰던 철없던 옛 모습이 떠오른다. 가을 하늘 아래에 펄럭이던 만국기는 사라지고, 울리던 징소리도 귓가에만 맴돈다. 어른들의 술 추렴이 벌어지던 마을의 잔치도 옛 이야기가 되어버렸다. 이들에게 그 시절 신명나는 마을의 잔치가 뭘 그리 대단한 경사라고 가슴속에 품고 잊지 않고 있는지.

잡초가 무성한 운동장에 바람이 인다. 누렇게 바랜 풀잎 사이로 먼지가 일면 그곳에서 뛰놀던 아이들의 함성이 들리는 것 같다. 저물도록 놀아도 지치지 않던 그때의 에너지는 어디에서 왔을까. 하루해가 너무 짧아 아쉬웠던 시절이었다. 운동장을 시끄럽게 하던 해찰궂은 아이들은 다 어디로 갔을까. 이들의 장난기가 가슴에서 지워지지 않는다.

여름밤의 꿈

더운 여름날에 태어나서 그런지 나는 여름 더위가 지루하거나 싫지 않다. 여름과는 인연이 특별하다. 집수리나 이사를 해도 여름철에 할 때가 많다. 여행을 가도 뙤약볕 속에 떠나야 여행하는 맛을 느낀다. 어린 시절의 즐거웠던 기억도 대부분 여름날이었다. 그때도 여름이 마음에 들었고, 어서 오기를 기다렸다.

봄이 짧은 것만큼 여름은 빨리 찾아왔다. 수런거리는 봄과는 달리 온다는 예보도 없이 여름이 왔다. 침묵하는 가을이나 적막한 겨울과 다르게 여름은 떠들썩하게 다가왔다. 아이들에게 여름은 시끄러운 계절이었다. 그것이 그들의 체질에 맞았다.

여름은 누구에게나 공평했다. 부자나 가난한 사람이나 더위 때문에 많은 옷이 필요 없었다. 벗어야만 시원했던 시절이니까. 누구든 여름에 더위를 타기도 마찬가지였다. 그러나 더위를 피하는 방법은 달랐다. 어른들은 시원한 그늘 아래에서 땀을 식혔으나, 아이들은 더위를 피하기 위해 더위 속으로 뛰어 들었다. 무더운 땡볕 속에서 놀며 더위를 쫓았다.

여름 아이들은 숨길 것이 없었다. 하얀 속살을 그대로 내보이는 열린 계절이었다. 산골 아이들의 머리에는 부스럼이 곪아 있었고, 얼굴에는 얼룩진 흰 버짐이 피어 있었다. 그 시절 부스럼과 버짐은 영양상태의 척도였고, 가난의 흔적이었다. 아이들은 그런 걸 꺼리거나 신경 쓰지 않았고, 창피하게 생각지도 않았다. 몸과 마음을 함께 열어 놓고 있었다. 맨살과 속살을 하나도 숨김없이 드러내 놓고, 아이들은 여름 속으로 뛰어들었다.

여름방학이 오면 철부지들은 더 바빴다. 먼동이 트면 집을 나가고 해가 져야 들어왔다. 낮이 긴 여름은 아이들이 활동하기에 더 없이 좋았다. 낮에는 밀서리를, 밤에는 수박서리를 몇 차례 하다 보면 여름 한철도 지나간다.

초여름, 먼 산에서 뻐꾸기 울음소리가 들리고 햇살이 제법 뜨거워지면, 밀밭에서 밀 익는 냄새가 마을까지 내려온다. 이쯤 되면 밀서리의 유혹에서 벗어나기가 어렵다. 만에 하나 밭주인에게 발각되면 개인적인 수모와 집안 망신을 각오해야 할 정도로 불안하고 위험했으나, 그 짓을 뿌리치지는 못했다. 초조와 긴장 속에서 그슬린 구수한 밀맛 때문이었다.

사방이 산으로 둘러싸인 산촌에는 아무리 해가 긴 오뉴월이라도 어둠이 빨리 찾아들었다. 해가 지고 어둠이 깃들면 둥지를 찾아드는 새들처럼 분산해지며, 수박서리를 시도한다. 남의 것을 훔치는 죄의식이 항상 어린 양심을 때리기도 했다.

거사일은 주로 주위가 컴컴한 그믐밤이거나 간혹 대낮 같이 밝은 보름밤을 택한다. 달이 밝으면 원두막을 지키는 주인에게 발각될 위험이 있지만, 경계가 허술한 허점을 노릴 정도로 머리를 굴린다.

낮에 밀서리를 하거나 밤에 수박서리를 한 날에 시냇가로 향하는 것은 정해진 코스이다. 냇물에 발을 담그며 흘린 땀을 씻고, 입에 묻은 검정을 지우며 더위를 식힌다.

산마루의 하늘이 시시각각 달라진다. 치자색 하늘이 파르스레해진다. 금방 무거운 검정빛으로 능선은 변한다. 산그림자가 짙어지면 시골산의 능선은 점점 선명해진다. 마치 잘 그린 눈썹같이 뚜렷하다. 어둠은 서서히 마을을 덮고, 낮 동안 숨어 있던 별들이 하나둘 눈을 뜨면 여윈 반달도 달빛은 당차다. 고요와 어둠은 절정에 달하고, 마음이 참으로 넉넉한 밤이다.

달이 뜨고 별이 나타난다. 냇물도 밝아 온다. 달이 물속에 빠지고 별이 물속에 잠긴다. 거울 같이 맑은 물 위로 구름을 비껴가는 달이 보인다. 철없는 아이들의 그을린 얼굴이 물결 속으로 떠다닌다.

시냇물 속에 잠긴 달을 보면 달의 공전도 여기에서는 의미가 없다. 오로지 물에는 달빛만 출렁일 뿐이다. 하늘에 뜬 별빛과 물에 잠긴 별빛 중에 어느 것이 더 아름다운지 얼른 구별이 어렵다.

여름이라지만 발목이 시릴 정도로 물이 차다. 손을 담그면 손이 시리고 발을 담그면 발에는 피라미의 주둥이가 부딪힌다. 그 조그마한 입술이 발목과 발등과 발바닥에 닿으면 간지럽다. 물고기 지느러미가 달빛에 반사되어 빤짝거린다. 바람이 가볍게 불면 얇은 물결이 일고 싸릿대처럼 낭창거리는 달빛이 물에 잠긴다. 잠시 초저녁잠에서 깨어난 물고기는 달빛을 찾아, 별빛을 쫓아 이리저리 헤맨다.

우리는 달, 별, 시냇물과 물고기가 하나 되어 자연 속으로 들어간다. 흰 고무신을 벗어 피라미 새끼를 잡아두고 모래도 채워본다. 고무신은 피라미를 가두는 어항이 되고, 모래를 실은 화물차가 되기도 한다. 빈 고무신을 물 위에 띄우면 배가 된다.

달과 별은 머리 위에서 놀고 있다. 물론 달이 별보다도 훨씬 크다고 믿었다. 가깝다는 이유로 달은 그 어느 별보다 크게 보인다는 사실은 철이 든 후에야 알았다. 맑은 여름 밤하늘에는 깨알 같은 많은 별들이 깜빡이고 있었다. 견우가 보이고 직녀가 보였다. 밤하늘의 은하수가 금방이라도 쏟아져 내릴 것만 같았다. 겨울철 함박눈처럼 내릴 것 같았다.

'여기서 달까지는 얼마나 멀까? 별의 나이는 몇 살일까? 달에는 누가 살까? 별에는 무엇이 있을까?'

달을 보고, 별을 세던 그때는 모르는 것과 알고 싶은 게 왜 그렇게 많았는지. 시간 가는 줄 모르고 한없이 머물고 싶던 그 때에도 지구의 자전은 계속 되고 있었다.

종이배를 띄우며 별을 보고 꿈을 건지던 그 밤, 세월은 추억이 되어 삶 속으로 밀려든다.

노인 셋 하산, 오버

애당초부터 약간 무리라는 생각이 들지 않은 것은 아니었다. 추위도 그렇지만 미끄러운 산길이 더 걱정이었다. 산은 예사 산인가. 남한에서 제일 높다는 한라산 아닌가. 막상 들머리인 성판악에 도착하니 기우는 현실로 나타났다. 그러나 포기하고 돌아가는 사람은 보이지 않았다. 오히려 겨울산행을 즐기며, 한 해를 뜻있게 보내려는 사람들로 줄을 이었다. 눈 내린 겨울 한라산은 담백하면서도 아름다웠고, 장엄했다. 이런 매력과 신비로움이 한해라도 젊어 이곳을 찾게 했다.

그렇게 늦지는 않았지만, 서둘러야 했다. 일몰시간과 거리를 감안해서 산행 기점에서 먼 진달래휴게소를 정해진 시간에 도달해야 백록담 정상까지 올라가게 했다. 평소에는 두어 시간

정도 소요되는 거리지만, 오늘 같은 눈길에는 더 많은 시간이 걸릴 것 같아 마음이 급했다. 겨울산의 낭만을 즐길 여유조차 없이 쉬지 않고 걸었다.

진달래휴게소에 도착하니 예정보다 약간 늦었다. 검은 선글라스를 쓴 관리소 직원이 입산을 통제했다. 정상까지 갔다 하산하기에는 겨울해가 너무 짧다는 것이 이유였다. 안전한 산행을 생각하는 젊은이가 듬직하기도 했다.

젊은이의 세심한 배려가 고맙다고 슬쩍 비위를 맞추고, 정상에 오래 머물지 않고 곧장 내려오겠다고 사정을 했다. 그러나 그의 의지는 확고부동했다. 그렇다고 산행을 중단하고 되돌아서기에는 오며 흘린 땀이 너무 아까웠다. 눈에 선한 백록담의 전경을 포기하는 것도 억울했다. 우리 뒤에 온 등산객들은 통과하는 걸 보고 따지니, 언짢은 표정으로 "나이 많은 분들은 힘드니, 쉬지 말고 빨리 갔다 오라"고 재촉했다.

어렵게 관문을 통과하니 속박에서 해방된 자유의 몸이 되었다. 아직 정오가 멀었는데, 아무리 겨울해가 짧고 길이 험해도 충분히 여유가 있을 것 같았다. 시간에 쫓겨 정신없이 올라왔던 이전과는 달리 이제부터는 시야가 트여 전망이 시원하고, 걷기도 한결 수월했다.

정상에는 조금 늦게 올랐다. 백록담에 선 기쁨도 잠시, 늦기 전에 빨리 하산하라는 확성기의 소음이 정상을 밟은 성취감에 재를 뿌렸다. 마음은 편치 않았으나, 백록담은 신비로웠다. 젊지 않은 나이에 여기에 섰다는 것은 즐거움이요, 축복이었다. 그러나 넋을 잃고 감탄할 여유가 없었다. 여기에 취하다보면 하산길이 어려워진다. 아직은 해가 중천에 떠 있으나, 일몰시간을 생각하면 서둘러야 했다.

올라 왔던 길로 다시 내려갔다. 내려가는 길은 보다 편할 거라 생각했다. 산세를 감상하며 천천히 가도 일몰 전에는 당도할 수 있을 것 같았다. 그러나 그게 아니었다. 살짝 얼어있는 돌길은 걷기가 더 불편했다. 오를 때는 힘들었으나, 내려갈 때는 위험했다. 내려가는 속도가 오를 때보다 더 더뎠다. 다른 사람들 보다 먼저 하산했으나, 나중에는 맨 뒤로 처졌다.

입산을 통제하던 진달래휴게소에는 약속보다 조금 지나 도착했다. 거기에는 처음 입산을 제지하던 그 젊은이가 벌레 씹은 표정으로 기다리다 언성을 높였다.

“언제 내려가려고 이렇게 늦었어요? 가다가 사고라도 나면 누구를 원망할 거요? 올라가지 말라고 그렇게 말렸는데도 말을 듣지 않고….”

냉소적인 태도와 힐책하는 언행이 매우 불쾌했지만, "걱정을 끼쳐 미안하다"고 사과했다. 조금 누그러지더니, 얼마 못 가면 어두워지니 손전등을 사라고 했다. 얼른 사서 배낭 속에 집어넣고 나서는데, "마지막으로 노인 셋 하산, 오버" 하는 염장 지르는 소리가 등 뒤에서 들렸다. 하산이 늦은 등산객을 관리소에 무선 보고하는 절차였는가 보다.

'성가시고 게으른 풋늙은이들, 추운데 집이나 지킬 일이지 산에 와서 누굴 애 먹이는가.'

젊은이의 속내가 아마 그런 것 같았다. 고집을 부려 입산하여 늦게 하산한데 대한 반감인지 그의 심보가 많이 꼬여 있었다. 오십 후반에 노인소리를 들을 정도로 노쇠했는가. 한라산 겨울 등정의 환희는 이렇게 작살이 났다.

노인 셋이라, 한 명은 나보다 한 살 아래인 아내였다. 틈이 나면 둘이서 자주 산을 찾는 편이다. 사랑하는 사람과 함께 지내며, 같이 늙어가는 것도 행복이라 생각해 왔다. 또 동행한 사람은 그곳에서 자수성가한 어릴 때 친구였다. 무릎이 시원찮은데도 초행인 나에게 산길을 안내하려 나섰다가 속 뒤집는 말을 들었으니, 민망했다. 소년 시절이 그제 같고, 청춘이 어제 같은데 벌써 노인소리를 들을 때가 되었는가. 건전한 사회에 사는 건강한 젊은이라면 살펴 내려가라는 당부쯤은 있어야 하는데, 억장이 무너졌다. 따지고 싶었으나 또 무슨 막말과 수모를 당할지 모르겠고, 한가하게 시비할 기분도 아니었다. 가슴만 쿵쾅거렸다.

노인을 성가신 존재로만 여기는 것이 그만 갖고 있는 편견일까. 그의 눈에는 그렇게 비쳤을지도 모르겠다. 나도 아직은 잘 모르지만, 늙어가는 것은 거스를 수 없는 자연현상이지 노인의 탓이 아닌 것 같다. 노인의 삶이란 대개는 고독의 연속이란 걸, 그는 알까. 노인의 불안한 심리와 외로운 고통이 훗날 자신도 져야 할 짐일 수 있다는 걸, 젊은이는 모를까. 그를 미워해야 할지, 감싸고 이해를 해야 할지 혼란스러웠다.

겨울산은 해가 지니 곧 산그림자가 짙어지고, 금방 어두워졌다. 길이 어두우니 휴게소에서 손전등을 팔던 그 젊은이가 고마웠다. 그런데 전등을 꺼내 불을 켰으나, 희미한 빛만 깜박일 뿐 쓸모없는 불량품이었다. 사기당한 기분이었다. 산속은 추위와 함께 적막에 잠겼다. 다행히 구름 속에 가려있던 달빛이 환하게 눈길을 밝히기 시작했다. 셋이서 옛 시절을 이야기하며 걸었다. 다리에 힘이 풀리고 후들거리는데, 저만치 성판악 불빛이 보이기 시작했다.

그동안 사람도 사회도 많이 변했다. 구박 받고 시집살이 하던 며느리는 이제는 사나운 며느리 눈치 보는 초라한 시어머니 신세가 되었다. 아이들이 어른 어려워하던 시절도 옛 얘기이다. 어른들이 아이들 비위를 맞춰야 하는 한심한 세상이 되었다. 경로효친을 윤리의 근본으로 여기던 것이 아득한 옛날 같다.

사회가 근대화 되면서 전통은 무너지고, 관습은 무시되었다. 너무 빨리 찾아온 물질적인 풍요는 정신적인 빈곤을 가져왔다. 변질된 타락한 문화로 순수한 인간성은 사라지고, 도덕의 가치는 날아가 버렸다. 여기에는 잘못된 교육도 한몫을 했다.

아래위가 무너지고, 앞뒤가 뒤바뀐 혼란스럽고 험악한 요즘 세태를 보면 마음이 무거워진다. 세상 돌아가는 꼴을 보면, 앞으로 어른 대접 주고받기는 글렀는가 보다. 아마도 노인을 공경해야 하는 의식을 지닌 마지막 세대도 멀지 않은 것 같다. 안타까운 일이다.

강남집

강남땅을 좋아하는 것은 비단 제비뿐만 아닌 것 같다. 입지 조건이 유리해서 그런지 많은 사람들이 강남에서 살고 싶어 한다. 물 좋고 정자 좋은데다가 높은 신분까지 보장된다니 그곳을 선호하는 것은 어쩌면 당연하다. 한정된 땅에 수요가 늘다 보니 그곳의 가치는 계속 높아진다.

강남에서 한참 먼 곳에 살고 있는 사람도 강남의 위력을 대충 짐작하고 있다. 특히 아파트의 경우는 더하다. 강남에 아파트 한 채, 생각만 해도 부럽다.

주거로서 아파트의 평가는 생각하기 나름이다. 마당은 없고, 실내 공간이 좁아 답답한 단점은 물론 있다. 새장 같은 폐쇄적인 공간에서 생활해야 하는 삭막함도 있고, 갑갑한 획일적인 구조에서 지내야 하는 지루함도 있다. 항상 여유 없이 긴장된 일상생활의 연속이 이런 주거공간과 전혀 무관하다고 할 수는 없을 것이다.

그러나 좋은 위치에 잘 지은 아파트는 생활하기에 편한 일면도 있다. 현대인의 바쁜 일상생활에 도움이 될 수도 있다. 먼 훗날에는 또 어떻게 취향이 바뀔는지 모르겠지만 현재는 단독주택보다는 아파트가 대세인 것 같다. 빈틈없이 분주하게 돌아가는 바쁜 세상에 우선 편하게 살자는 의도인가 보다.

산업화 이후 부족한 주택을 아파트 공급으로 해결하였으나, 아파트의 등장으로 생활의 양상에 다소 변화가 왔다. 지역 공동체가 무너지면서 개인주의로 흐르고, 가정은 핵가족화 되고 전통이 희미해지는 부정적인 면도 있다.

땅이 좁고 인구는 많아 부족한 주택을 아파트 공급으로 해결하려는 당국의 정책을 전혀 이해를 못하지는 않으나, 조용한 시골이나 역사적인 고도에까지 짓는 아파트를 보면 안타깝다. 아파트에 가려 시골의 아늑한 풍경이 사라지고, 유적지에 들어선 아파트의 몰골은 옛 도읍의 품위를 망쳐 놓는다.

하여튼 요즘 아파트에 대한 관심이 많아졌다. 주거의 목적이든 축재의 수단이든 아파트의 유용 가치는 오르고 있다. 분양이 힘든 초라한 아파트가 있는가 하면, 강남처럼 한 채 장만하기 위해 거의 모든 걸 걸다시피 관심을 끄는 아파트도 있다.

아파트의 가치도 뚜렷한 양극화이다. 이렇게 목숨을 걸고 달라붙는 데는 그만한 이유가 있다. 자고 나면 천정부지로 그 가치가 뛰니, 살면서 거저 재산을 모을 수 있다. 꿩 먹고 알 먹는 격이다. 서민으로 이런 아파트를 쳐다보는 것은 언감생심이다.

강남집은 바로 고급아파트로 통한다. 교육 여건이 좋고, 질 높은 문화 혜택을 항상 즐길 수 있고, 접근성이 편리한 위치에 지은 집이다 보니 수요가 급증하고 인기 있는 것은 당연하다. 게다가 다른 지역 아파트보다 차별화하는 첨단 아파트 건설을 지향한다. 건설업체의 장삿속이 가세하여 더 나은 아파트를 짓지 않으면 살아남을 수 없다며 경쟁을 유도하고 있다.

마감재를 고급화하고, 주차 공간은 지하에 두고 지상은 공원화 한다. 그것도 부족하여 유명 디자이너가 실내 인테리어에 참여하여 명품 아파트를 만든다. 물의 양과 수온을 무선 조정할 수 있는 스마트 욕조를 갖춘 아파트도 내놓았다. 공사비가 만만찮은 이런 고급아파트 가격은 집 없는 서민의 마음을 아프게 한다.

대체로 물건은 사용하면 할수록 그 가치가 떨어지는데, 이 물건은 도대체 어떻게 된 것인지 쓰면 쓸수록, 날이 가면 갈수록 가치가 치솟는다. 물가에 미치는 영향이나, 울화가 치미는 다른 사람들의 허탈감을 잠재우기 위해 백방으로 노력하나, 비웃기라도 하듯 이곳 아파트의 가격은 잡히지 않는다. 수요와 공급의 불균형인지, 이곳 주민들의 단합 때문인지, 부동산 중개업자들의 농간인지 아니면 경제를 주무르는 나리들의 실수 때문인지 가격은 꺾일 줄 모른다.

이곳에는 아파트가 사람 사는 보금자리의 용도보다는 투기의 수단으로, 지체를 과시하는 한 방편으로 사용되는 것 같다. 집 없는 사람의 입장에서 보면 기가 찰 노릇이다. 아파트는 사람 사는 집이지 재물이 아니다.

함께 사는 가족들의 숨소리까지 들리는 닫힌 공간에는 삶의 희망이 보존되어 있다. 피곤하고 힘들었던 직장에서 돌아와 몸을 누이며 마음을 쉬게 하는 휴식처이다. 이 공간에서 가족 간에 사랑을 나누고, 아이들의 재롱을 즐기며, 생활의 활력을 보충하고 저장한다.

아파트가 주택으로 그 효용가치가 훼손된 것은 속상한 일이다. 아파트의 평가도 왜곡된 것 같아 씁쓸하다. 휴식하는 안락한 주거의 역할이 아니라 지위와 신분의 잣대로 이용되기도 한다. 아파트의 위치가 그 사람의 지위이고, 그 규모가 그의 신분이 되어버렸다. 아파트의 위치와 규모가 인생의 성공과 실패의 척도가 된 세상이다.

값나가는 아파트를 잡기 위해 이리 뛰고 저리 뛰는 시간에 취미생활 살리고 문화생활을 즐긴다면 어리석다 하겠지. 부동산 잡기 위해 노심초사하는 시간에 가족들의 건강과 장래를 위해 투자한다면 둔하고 우직하다 하겠지. 주택의 기능과 역할은 무엇인가. 첨단장치에 고급 마감재 사용한 고품격 아파트에 사는 사람은 그만큼 삶의 질이 높고 행복할까.

강남의 아파트를 바라보면 나 자신이 너무 초라하고 무능하다는 생각이 든다.

실패한 성공

무박의 지리산 종주를 겁도 없이 당일치기로 성삼재를 나선 건 이른 새벽이었다. 서쪽 하늘로 넘어가는 하현달이 노고단을 지나 임걸령까지 길을 밝혀준다. 달빛 속의 산길을 걷는 것이 나에게는 이색적인 경험이다. 토끼봉을 넘어 연하천에 도착하니 아침 햇살이 눈부시다. 먼저 온 산꾼들이 식사를 한다고 소란스럽다. 대여섯 시간 산길을 걸었으니 피로가 오고 허기가 진다.

각오는 했지만 노고단에서 천황봉까지 고래등처럼 휘어진 지리산의 등뼈를 타는 능선길이 순탄치가 않다. 가파른 길을 헐떡거리며 봉우리를 오르면 보다 더 험한 비탈진 내리막길이 기다린다. 오랫동안 풍화작용으로 파괴되어 생긴 바위 부스러기가 수많은 등산객들에 밟힌 채 닳을 대로 닳았다. 어제 내린 비에 젖은 내리막 돌길이 미끄럽다. 발목을 다치면 산행은 끝장이다. 힘든 오르막에 위험한 내리막길, 등줄기가 오싹하고 식은땀이 난다.

8월 염천에 웬 고생인가. 험하다고 되돌아 갈 수도 없는 길에 이미 들어섰다. 지리산 종주를 계획하다 몇 번이나 망설였다. 일상사가 허망하다고 느낄 때 꼭 한 번은 걷고 싶었으나 선뜻 용기가 나지 않았고, 자신도 없었다. 신비로운 노고단 운해를 보려는 것도, 이념의 충돌에서 잊혀진 아픈 역사를 확인하기 위해 나선 것도 아니다. 해야 할 일을 이루지 못해서 받는 스트레스와 고통을 길고 높은 능선길에 묻어버리고 싶었다. 나이를 생각하면 무리였으나 체력과 인내의 한계에 도전하고 싶은 만용도 없지는 않았다. 간사하면서도 변덕스런 내가 변하면서도 언제나 한결같은 지리산의 큰마음을 배우고 싶은 생각도 간절했다.

능선의 한가운데에 있는 벽소령에 도착하니 해가 중천에 떠 있었다. 시리도록 달빛이 아름답다는 벽소령을 여름 뙤약볕 아래에서 만났다. 종주에만 전념하다 보니 황홀한 지리산의 속살을 놓친 것 같다. 잠시 목을 축이고 저만치 숨어 있는 풀 한 포기에도 관심을 갖고, 지나온 능선을 바라본다. 힘들었지만 매력적인 길이다. 오르막내리막에 뱀처럼 휘어져가는 곡선의 산길. 여태 앞만 보고 살아 왔던 건조한 직선길에 비하면 얼마나 아름다운가.

직선과 곡선은 빠름과 느림의 차이, 편함과 불편함의 차이이다. 사람의 손이 닿은 문명이 직선이라면 자연은 곡선이다. 경쟁과 투쟁이 직선이라면 양보와 배려는 곡선의 삶 속에서 나온다. 앞만 보이는 직선의 삶이 따분하다면 숨어있는 곡선의 삶에는 풍요로운 여유가 있다. 정성보다는 형상에 집착하고, 양보보다는 경쟁을 강요하던 직선의 삶이 얼마나 피곤하고 공허한가. 삶은 시합하고 투쟁하는 메마른 길이 아니다. 허상에 매달리기보다는 거짓 없는 실상에, 물질보다는 마음을 소중히 여기는 여유로움이 곡선의 능선길에 숨어 있다.

세석평전에 도착 했을 때는 햇살이 따가운 오후였다. 지리산의 심장부인 세석에 이런 넓은 평원이 있다니. 지친 몸 잠시 쉬라고 이 높은 곳에 이 너른 쉼터가 생겼는가. 10시간 이상을 거의 쉬지도 않고 20여 킬로미터 주능선을 걸었다. 세석산장 한 모퉁이에 앉아 바지를 올리니 돌부리에 차인 정강이는 피멍이 뚜렷하고 무릎은 부었다. 오금이 저리고, 허벅지에서 경련이 일어난다. 피곤하니 체력도 부쳤다.

앞을 바라보니 촛대봉이 어서 오라고 손짓을 하는 것 같다. 저 봉우리를 넘고, 장터목을 지나면 천황봉 정상이다. 몇 해 전에 중산리에서 천황봉을 오른 적이 있어 정상만 오르면 하산길은 생소하지가 않다. 마음은 벌써 정상에 가 있는데 몸이 말을 듣지 않는다. 이미 몸과 마음은 따로 놀고 있었다.

이런 상태로 정상을 밟고 종주를 한다는 것은 도저히 무리이며 어리석은 짓이다. 촛대봉을 눈앞에 둔 채 종주를 포기하고 거림골로 하산하기로 했다. 거림까지 20리도 만만찮은 길이다. 비탈진 하산길에 내 무릎 관절이 잘 버텨 줄까 불안했다. 돌길을 디딜 때마다 충격과 통증이 더 심해진다. 거의 기다시피 내려오는데 젊은이들은 뛰며 내려간다.

하산길에 나는 한시적인 장애인이었으나, 그들에게는 나의 고통쯤은 관심 밖이었다. 그들의 하산길을 귀찮게 하는 거추장스런 방해꾼이었다. 평소에 내가 장애인에게 관심이 없었던 것처럼 그들도 나에게는 무관심했다. 남의 정신적인 아픔과 육체적인 고통을 외면했던 지난날에 대한 인과응보인가.

석양이 질 무렵에 하산의 끝인 마을에 도착하였다. 새벽부터 하루의 절반 이상을 산에서 헤매고 있었던 셈이다. 온몸이 쑤시고 사지는 거의 마비 상태이다. 오늘 걸었던 길이 꿈만 같다.

인생의 굴곡과 그늘을 느꼈던 고행의 길이었다. 백년도 못 살면서 한없는 슬픔으로 고민하는 인간들이 가련하다는 생각이 든다. 어떤 사람은 평생 돌길을 걸으며 고생하는가 하면, 어떤 이는 융단 같은 오솔길을 걸으며 즐거워한다. 돌길을 걷든 흙길을 걷든 힘들기는 마찬가지이다. 걸으며 어떤 경치를 보고 즐기며 느끼는가에 행복과 고행으로 갈라지는 것 같다.

지리산은 그동안 앞만 보고 살아왔던 나에게 많은 것을 가르쳤다.

여태껏 삶을 투쟁과 승패로만 여겼던 경솔함, 약자의 아픔을 외면했던 몰인정한 편견, 양보를 모르고 경쟁만을 강요한 우둔함, 그리고 거짓 없는 실상을 외면하고 허상만 고집하던 나의 허영. 이걸 깨우친 것은 실패한 종주에 대한 값진 보상이었다. 현실성이 없는 이상과 보이지 않는 명분에 사로잡혀 경박한 짓을 한 뉘우침도 크다. 이번 종주에 성공 했더라면 그 성취감에 도취한 채 나는 또 얼마나 거만하고 오만해졌을까.

어리석은 자가 머물면 지혜로워진다는 지리산에서, 좌절과 실패는 가끔 화려하고 교만한 성공보다 값지다는 것을 배웠다. 이번 지리산 종주는 미완으로 끝난 실패한 성공이었다.

허수아비와 친구들

하늘이 높고 맑다. 들판에는 이미 여름의 세찬 모습은 사라지고, 가을의 소슬함이 알맞게 배어 있다.

황금빛 들녘에 허수아비가 알이 찬 벼이삭을 지키고 있다. 어떤 초병보다 표정이 엄숙하고 근무 자세가 진지하다. 참새 한 마리가 허수아비의 머리 위를 날고 있다. 진종일 날아다니고 재잘대다 보니 피곤한지 허수아비의 처진 어깨에 살며시 앉는다.

이제는 쫓는 자와 쫓기는 자의 관계가 아니다. 능청스레 앉아 휴식을 취하도록 허락하는 것쯤은 자연에 대한 예의라고 허수아비는 생각한다. 참새는 앉자마자 불만이다.

"너를 세워 놓고 우리를 감시하고 쫓으려 하나 어림없지. 너희 주인 잔꾀에 더 이상 속지 않아. 널려 있는 것이 곡식인데 좀 먹으면 어때, 우리는 굶으란 말이냐?"

참새는 배고픈 사정을 몰라주는 사람들의 욕심을 성토하며, 아이들처럼 해찰을 부린다.

사정이 딱한 허수아비는 주인에 대한 도리가 아닌 줄 알지만, 어쩔 도리가 없다.

"우리 주인 입장도 좀 생각해 보렴. 허구한 날 와서 다 익은 벼를 먹어 치우니 그 불편한 심기를 누가 알까."

허수아비의 마음도 뒤숭숭해진다. 뙤약볕 아래에서 땀 흘리던 주인의 정성을 잘 알고 있다. 한 톨이라도 곡식을 건지겠다는 심정을 누구보다 잘 알고 있다.

가을바람에 벼 익는 냄새가 묻어나니 시장기가 든다. 바람이 잠시 걸음을 멈추고 끼어든다.

"요즘 인간들이 저질러 놓은 대기오염으로 숨이 막혀 죽을 지경이다. 너나없이 차를 몰고 다니니 공기가 어디 맑겠어? 내 차에서 나오는 배기가스는 괜찮고, 남의 차량 배기가스에는 신경을 많이 쓰더라. 공기가 탁해지면 건강에도 해로울 텐데."

비아냥대며 바람은 바람처럼 사라진다.

바람이 지나가니 논바닥에 고여 있던 물에서 잔물결이 인다.

"우리가 없으면 잠시라도 살 수 없을 텐데, 너무 흔해서 그 가치를 잘 모르는가봐. 우리를 물로 보고 물 같이 낭비하고 있어. 인간들은 변덕이 심해. 가뭄에 우리를 애타게 기다릴 때는 언제고, 홍수가 나서 난리를 칠 때는 완전히 천덕꾸러기지. 요즘은 함부로 버리는 쓰레기와 공장폐수로 우리를 완전히 오염시켰어. 인간이 우리를 버리면 우리도 인간을 버릴 건데, 그러면 누가 손해지? 그걸 모르는 인간은 정말 바보야."

물도 인간에 대한 쌓인 불만이 적지 않다. 앞으로는 석유보다 더 귀한 대접을 받을 것을 물은 알고 있는 눈치이다.

한참 듣고만 있던 물에 젖은 흙이 더 이상 못 참겠다는 듯 입을 연다.

"예전에는 우리도 제대로 대우를 받았고, 물처럼 깨끗했어. 곡식이 성숙하는데 햇볕, 공기, 물이 필요하지만, 토양이 기름지지 않으면 어떻게 뿌리를 내리며 흙 속의 영양분을 섭취할 수 있을까?"

흙도 그동안 쌓인 불만이 대단하다.

전에는 농사를 짓는데 자연을 이용하는 지혜가 있었다. 퇴비를 거름으로 사용해서 토양은 숨 쉬고 땅은 걸고 기름졌다. 사회가 근대화 되는 과정에서 농업정책도 증산위주의 화학영농으로 일관하였다. 풍요와 성장의 그늘에서 농민들은 자연 생태환경의 파괴현상에 무디어졌다. 무작정 사용한 농약으로 잃어버린 지력을 회복하고, 자연을 제대로 지키는 법을 잊어버렸다. 최근에 공해문제가 야기되면서 식품오염의 심각성을 인식하고, 토양을 산성화 시키는 화학비료의 사용을 제한하는 것은 고맙고 그나마 다행이다.

높은 하늘에 하얀 구름이 안개처럼 피어나다 바람 따라 움직인다. 고개를 숙인 벼가 바람에 출렁이니 파도가 되고 황금물결이 인다. 허수아비는 참새를 쫓지 못한 죄책감으로 영 심기가 편치 않다. 실바람에도 휘어지는 벼이삭이 입을 연다.

"어차피 우리야 내년 모심기에 사용되는 소수를 제외하고는 대부분 양식으로 쓰이겠지. 사람들의 식량이 되나 참새들의 먹이가 되나 같은 운명이지. 이왕이면 가난하고 굶주린 자의 영양분이 되었으면 하네. 세상에 배불러 살 뺀다고 법석을 떠는 이가 있는가 하면 굶주림에 시달리는 자도 있는, 이런 불공평한 공간이 인간 세상이지."

자신의 처지를 알아주는 것에 참새는 고개를 끄떡이며 벼의 말을 계속 듣는다.

"요즘은 병충해를 예방한다고 독한 농약을 마구 사용하기에 우리도 몸살을 앓을 정도이지. 농약 묻은 쌀이 그대로 밥상에 올라갈 건데 먹어도 괜찮을까? 하기야 돈 많은 사람들은 별도로 농약 안 친 무공해 쌀만 먹는다고 하더라만 그게 얼마나 믿을 수 있을까?"

입이 가벼운 참새가 옆에서 거든다.

"인간들은 너무 욕심이 많아. 우리의 조그마한 입이 얼마나 많이 먹는다고 헛것을 동원하여 우리를 우롱하는가. 우리가 왜 인간처럼 쓸데없이 뒤주를 갖지 않는가. 이 들판의 곡식이 다 우리 것이고, 뒤주를 지으면 뒤주보다 큰 물건을 넣을 수 없는데 뒤주 따위를 왜 지어."

인간들의 한없는 욕심이 초라하게 보인다. 세상일이란 얻으려고 애쓰면 잃게 되고, 잃는 것 같으면서도 얻기도 한다. 어리석은 자들은 모든 걸 다 가지려고 손을 움켜쥐나 더 이상은 쥘 손이 없다. 활짝 펼친 빈손이라야 더 많은 것을 가질 수 있다는 걸 모르고 있다.

해거름에 한참을 떠들던 참새가 토라지며 바람을 데리고 홱 날아가 버린다. 바람이 지나간 자리가 예전 같이 상큼하지가 않다. 가을 황금 들녘은 그래도 평화롭다. 참새가 날아가니 허수아비의 어깨가 가벼워진다. 잠자코 있던 허수아비는 답답하다. 욕심을 내는 주인이 가련하다는 생각이 든다. 그래도 허수아비는 알고 있다. 농경문화를 일구어서 쌀밥 먹고 살아 온 이 땅의 사람들에게는 쌀은 단순한 식량 이상의 의미를 갖는다. 바로 생명이라 여긴다.

인간의 소유에 대한 욕망과 자연의 혜택에 대한 가치가 교차하는 들녘에서 허수아비는 자신의 존재에 대해 회의를 느낀다. 문명과 자연 사이에 끼여 갈등과 불신이 쌓이는 것 같다. 둘 사이에 충돌이 나는 것 같다. 인간이 허수아비를 만들어 참새를 쫓고 곡식을 보호하겠다는 발상은 인간의 미련한 소유욕인가, 자연을 속이는 어리석은 핑계인가. 허수아비의 마음은 계속 심란해진다. 그리고 스산해진다.

5.

인 연

아버지의 그림자

아이가 태어났을 때, 아버지는 지천명을 훨씬 넘겼다.

손이 귀한 집안도 아닌데 기다리지도 않던 아이가 뒤늦게 생겨 집안과 이웃을 어리둥절하게 했나 보다. 게다가 그날, 옆집의 큰아버지께서 노환으로 돌아가셨으니, 아마 친척들은 제정신이 아니었을 성싶다. 담 하나를 사이에 두고 한 생명체는 사라지고, 새로운 생명체가 나타난 것이다. 형제를 잃은 아버지의 마음이 아팠을까, 자식 하나를 얻은 아버지의 기쁨이 컸을까. 철이 들 때까지 가졌던 궁금증을 끝내 아이는 물어 볼 수가 없었다.

이승에서 아버지와 함께 지낸 지는 고작 십년 남짓, 아주 어렸던 때를 제외하고 아버지를 기억할 수 있는 세월은 얼마 되지 않는다. 가난과 이념적인 갈등으로 사회가 어려운 시기에 아이는 태어났다. 식솔 한 명 늘면 당장 끼니 걱정을 했고, 사람 입에 풀칠한다는 게 여간 어렵지 않던 때였다. 그래도 이 세상 햇빛을 보게 된 것은 사람은 날 때부터 먹는 복은 달고 나온다는 옛 사람들의 믿음 때문이었을 것이다.

어느 날, 젖이 모자라 며칠째 허기를 면치 못한 아이를 안쓰럽게 보던 아버지는 산 너머 먼 친척집으로 설탕을 얻으러 갔다. 반갑게 맞이한 친척한테 배고픈 아이에게 먹일 한 움큼의 설탕을 품에 안고 아버지는 기분 좋게 나섰다. 아이의 식량 걱정은 며칠간 하지 않아도 된다는 안도감으로.

그러나 기쁨도 잠시, 해질녘의 하산길에서 굶주림으로 신음하는 또 하나의 인간을 만났다. 가까이 가서 자세히 살펴보니 사상가로 도피생활을 하는 이웃집 외동아들이었다. 그는 혼란스런 해방공간에서 이념과 사상으로 방황하다 불행한 사변통에 좌익 운동을 하며, 가족의 속을 썩이고 있었다. 아버지는 반갑고 불쌍해서 울고, 그 청년은 굶주림에 지쳐 울었다. 아버지는 그때 몸에 지닌 설탕봉지를 만지며 배고픈 이 젊은이에게 주어야 할지, 집에서 젖이 모자라 울고 보채는 가련한 피붙이에게 주어야 할지 망설였다.

결국은 빈손으로 돌아온 아버지를 보고 가족들은 낙심하여 할 말을 잃었고, 영문도 모르는 아이는 주린 배를 움켜잡고 눈만 멀뚱거렸다.

아이는 유가의 영향으로 규율과 법도를 중시하는 환경 속에서 자랐다. 행동에도 제약을 받았으나, 긴장할 정도로 엄한 편은 아니었다. 막내로서의 특전이나 대접은 아예 생각지도 못했다. 항상 순서에서 밀려나 있었다. 아버지의 품속에 안겨 사랑을 받아본 적도 없었고, 무릎에 앉아 재롱을 부려보지도 못했다. 그렇다고 매를 맞거나 심하게 꾸중을 듣고 자라지는 않았다.

아이는 어릴 때부터 과보호 속에서 자랐다. 여름철에는 혼자서는 물가 근처에도 가지 못하게 하였고, 겨울에는 얼어 있는 저수지에는 얼씬도 못하게 하였다. 더운 여름날 친구들이 멱을 감으면 같이 물속에 들어가고 싶은 유혹을 뿌리치기 어려웠으나, 약속을 어기지는 않았다. 겨울철에는 저수지에서 얼음을 타고 있는 친구들의 모습을 멀리서 바라보는 것만으로 만족해야 했다. 아이는 그걸 자신의 자유에 대한 제한이라고 섭섭하게 생각했다.

아버지는 자상한 편도 아니었고, 감정이 풍부하지도 않았다. 어떤 때는 아이에게 전혀 관심이 없는 것 같기도 했다. 길을 같이 걸을 때도 손을 잡는 대신 한 걸음 정도 뒤처져 걸었으며, 넘어져도 모르는 채 혼자 일어서게 했다. 그럴 때마다 애가 탔으며, 앞서 걷는 아버지의 그림자가 멀고 무척 커 보였다. 늦게 낳아서 같이 살날도 짧다고 여겨 어서 홀로서기를 바랐으며, 아이에게 관심이 많다는 것은 철이 든 후에 알았다.

아버지는 평생을 흙을 밟으며 농사일을 하였다. 흙과 벼농사에 대한 관심과 집념은 바로 삶, 그 자체였다. 아버지는 목축과 밀농사를 서양문화라고 생각하고 쌀, 보리, 콩 같은 농경문화에 관심을 갖는 것 같았다. 항상 제일먼저 기상한 아버지가 마당에서 헛기침을 하면 곤하게 자고 있던 머슴들은 하품을 하며 마당으로 모였다. 아버지는 잠이 덜 깬 머슴들을 데리고 먼동이 트기도 전에 들로 나갔다. '식물은 몸 전체가 살아 숨 쉬고 소리까지 들을 수 있어, 곡식은 주인 발소리를 듣고 자라는 것'이라고 아버지는 생각하였다. 하루라도 논밭에 나가지 않으면 그들의 성장이 퍽 궁금하였던 것 같다.

때맞추어 거름을 주고 잡초를 뽑아 정성을 바쳐야 알찬 곡식을 얻을 수 있고, 흘린 땀만큼 풍성한 수확을 기대한다는 것을 농사짓는 신조로 여겼다. 한 해 농사에 제일 중요한 것은 씨뿌리는 일이며, 씨 뿌릴 수 있는 적당한 시기는 일 년 중, 일주일이 채 안된다고 하였다. 이 시기를 잃으면 그해 농사를 망치게 된다고 하였다. 황금 같은 젊은 시절이 씨 뿌리는 시기이며, 이때를 놓치면 인생이 힘들어진다고 아이에게 일렀다. 항상 아버지는 인생은 짧고, 젊은 시절은 더 짧다고 하였다. 그 의미가 아이에게 얼른 와 닿지가 않았다.

아버지는 가뭄이 심할 때 홍수의 피해를 생각하였고, 장마철에 가뭄을 걱정하였다. 가뭄이 아무리 심해도 내 논에 물을 대기 위해 이웃과 시비하고 논쟁하는 일이 없었다. 타협하고 양보하면서 문제를 해결하였다. 벼농사도 중요하지만 이웃도 소중하게 생각했다.

아버지는 가족을 지켜주던 큰 나무였고, 바람에 흔들리지 않게 보호해 주던 든든한 뿌리였다. 평소에 잔병 없이 건강하던 아버지는 가을걷이가 끝난 늦가을 어느 오후에 갑자기 자리에 누웠다. 그리고 한 달 남짓 투병생활을 하며 고생하다 하현달이 유난히 밝게 비치던 어느 새벽에 눈을 감으셨다. 그때 아이의 나이 15살, 제대로 눈이나 감았을까.

독립운동 이야기

가난한 산골에서 보낸 어린 시절이 자랑스러웠던 것은 항일 독립운동을 한 백산선생이 우리 고장의 어른이라는 사실을 알고 부터였다.

선생의 손녀와 학교를 같이 다니며 유족들을 가까이에서 볼 기회가 있었다. 그들의 피 속에는 선열을 향한 그리움과 긍지가 흐르는 것 같았다. 그분은 병보석으로 출옥한 지 세 시간 만에 고문으로 아사했다. 소신을 접고 시류에 영합했더라면 한평생 편하게 보낼 수 있는 부자가 환갑을 못 넘기고 운명하였다.

선조의 업적을 자랑하고 싶은 후손들의 마음은 한결같고, 어쩌면 당연할 것이다. 후세가 존경하는 조상을 두었다는 것은 분명 축복 받을 일이다. 가정과 가족보다 나라와 민족을 위해 자신을 희생하였다면, 그 거룩한 뜻은 가문의 영광이라 하겠다. 광기의 회오리가 거세던 일제하에서 목숨을 건 구국의 결단과 용기가 말처럼 수월하지는 않았을 것이다.

요즘 심심찮게 독립운동가의 후손이라고 나서는 사람들이 더러 있다. 당시에 조상이 만주에서 살았다는 이유로 독립운동가 집안이라고 우기는 사람도 있다. 이들 중에는 진짜도 있고, 사이비도 있다. 선대의 업적을 자랑하고 보상을 바라는 후손의 심정을 이해하지 못하는 바는 아니지만, 진실을 왜곡하며 다른 의도로 억지를 부릴 때는 천박하고 상스럽다.

일제하 자신의 조부와 부친이 독립운동을 하였다고 주장하며 어느 정치꾼이 나섰다. 이런 사람이 독립운동가의 후예라면 출세하는데 이보다 더 큰 메리트는 없다. 그러나 누구도 그가 독립운동가의 후손이라고 분명한 증언을 하지 못했다. 오히려 부친이 만주국 경찰이었다는 사실이 알려지면서 훈장은커녕 망신만 당하고 슬쩍 자취를 감춘다.

이런 사람의 낯 두꺼운 행동을 보면 민망하고 안쓰럽다. 바른 독립운동가의 자손은 조상이 독립운동 하였다고 요란하게 떠들고 다니지 않는다. 경력이나 선거 홍보물에 애국선열의 후손이라 도배하는 추한 모습을 보이지 않는다.

대개 후손들은 역사의 뒤안길에서 잊힌 채 고달프게 살아간다. 가난으로 교육 받을 기회를 잃었고, 배울 기회가 적다보니 아는 것이 모자라 취업이 힘들고 출세에도 지장이 있다. 밑바닥 인생과 가난의 대물림은 항상 악순환 된다. 잘 배운 친일파 자손이 좋은 환경에서 호의호식 할 때, 독립운동가의 후손은 음지에서 피해의식에 젖은 채 사회에서 소외 되었다.

친일한 자는 자손이 호강하며 살지만, 독립운동가의 후손은 3대가 굶주리며 산다. 이들을 바라보는 시각도 곱지 않다. 그들은 체제에 불만을 품고 안정을 위협하는 반골로, 불순한 유전자를 물려받은 잠재적 저항 세력으로 낙인을 찍는다. 독립운동을 한 조상을 자랑스럽게 생각하는 후손도 있겠지만, 가난과 피해의식만 물려준 선조를 원망하는 자손도 있다.

독립운동가로 밝혀져 나라의 혜택을 받고 있는 후손들은 그나마 행운이다. 증명할 근거 자료가 애매하다는 이유로 보상을 못 받는 억울한 후손도 있다. 갑작스레 맞은 해방의 기쁨으로 그때의 자료를 미처 챙기지 못해 항일운동을 입증하지 못하는 안타까움도 있을 것이다. 이런 후손들의 아쉬운 소원을 풀어 주어야 하나 쉬운 일이 아니다. 그들은 대개 줄이 없고, 힘이 없기 때문이다. 선조가 보상을 바라며 한 것도 아닌데, 묻혀버린들 어쩌겠는가. 스스로 자위하며 독립운동가의 후예는 조용하게 살 뿐이다.

이런 독립운동가의 빛과 그늘을 보면 그때를 잊을 수 없다. 신혼 때, 나는 아내와 함께 잠시 처가에서 연로하신 장인, 장모님과 같이 지낸 적이 있었다. 병원에서 수련의 과정을 밟던 힘든 때였다. 그러던 어느 날, 장인께서 저녁식사를 마치고는 낡은 책과 깨알 같이 적은 공책 한 권을 주며 한 번 읽어보라고 하였다. 뜻밖에도 젊었던 시절, 상해임시정부에서 근무할 때를 기록한 공책과 보던 낡은 책이었다.

그러면서 틈만 나면 당시의 사정과 그때의 행적을 들려주었다. 처음에는 오래간만에 휴가 나온 병사들이 늘어놓는 전방생활의 무용담 정도로 여겼다. 병원 근무로 피곤했으나, 밤늦게까지 이어지는 장인의 이야기에 자리를 뜰 수가 없었다. 마음은 내일 아침에 있을 윤독에 있었다. 외국에서 발표할 초록 준비가 당시의 독립운동 이야기보다 더 급했다.

진지한 표정으로 하는 이야기를 성의 없이 듣는 것은 도리가 아니라는 생각이 들 때면 정신이 들기도 했다. 끝내 당신의 항일활동을 알아주지 않는 주위에 대한 섭섭함을 토로할 쯤에는 오는 잠이 도망갈 정도로 측은해 보이기도 하였다. 그러면서도 당시의 행적에 대해서는 큰 보람과 자부심을 갖고 있었다.

그동안 보관한 기록을 보여주며 계속 정리를 부탁 하였고, 이

왕이면 다른 사람한테도 인정을 받았으면 하였다. 그러나 그것은 주관적인 당시의 기록이지 남들도 이해할 만한 객관성이 부족했다. 사진이나 소지품 같은 증거 자료가 보이지 않았다. 그때에 배웠다는 종이가 찢어지고 빛바랜 교본 같은 허름한 책 한 권이 물증의 전부였다. 그러나 누가 알아주든 말든 당시를 소중히 여기는 것 같았다. 아쉬웠으나 나로서는 어쩔 수가 없었다.

그렇게 당시를 애절하게 들려주던 장인도 오래전에 돌아가셨다. 끝내 못다 푼 소원 하나를 가슴에 묻은 채 가셨다.

처가에서는 독립운동가의 자손이 아니 되었다고 섭섭하게 생각하지는 않는 것 같다. 이제 와서 명예를 찾자는 의도도 아니고, 명예를 찾지 못했다고 후회 하지도 않는다. 연금을 탐낼 만큼 궁색하지도 않다. 가족들은 벌써 오래전에 다 잊은 것 같다. 지금 와서 들추어내는 것도 여간 낯간지러운 짓이 아니다.

부쩍 독립운동가의 후손들이 많이 나서는 요즘, 장인의 간절한 소원을 풀어드리지 못한 아쉬움이 떠나지 않는다. 당시의 기록을 정리할 것을 부탁 할 때마다 바쁘다는 핑계를 대며 약속을 지키지 못한 회한도 크다. 왜 진지하게 그 말씀에 귀 기울이지 못했는지, 아쉬움이 남는다. 불효를 한 것 같아 마음이 무겁다.

참꽃과 구절초

이른 봄에 피는 참꽃이나 가을날의 구절초가 나에게는 단지 꽃으로만 보이지 않는다. 입술 같이 붉은 참꽃이나 구절초의 연한 보랏빛 꽃잎을 보면 먼저 어머니 얼굴이 떠오른다. 노란 꽃술에 목이 긴 구절초의 꽃대가 가을바람에 흔들리면, 천식으로 고생한 어머니 생각에 내 마음도 흔들린다.

어머니는 마흔 여섯에 나를 낳았다. 시골의 여름 뙤약볕 아래에서 노산을 하였으니 오죽 힘들었을까. 분명 난산이었을 것이다. 손이 귀한 집안도 아닌데 어머니는 한 생명체를 끝까지 지켰다. 요즘 같이 출산을 기피하는 세태에서는 상상할 수도 없는 일이다. 당신인들 왜 여유로운 삶을 갖고 싶지 않았을까. 어떤 어머니가 50에 바다를 발견하였을 때, 내 어머니는 아이를 낳고 키우느라 자신을 희생하였다.

나는 초등학교에 들어가기 전까지 어머니의 젖을 찾았다. 어머니의 품을 벗어나려면 큰 용기가 필요했으나 나는 그런 용기가 없었다. 위의 형과 나이 차이가 많았고 동생이 없었으니, 어머니 품을 혼자 차지한다 해서 크게 시비할 사람은 없었다.

어머니의 손에 끌려 학교라는 낯선 조직세계에 들어설 때, 두려움과 설레는 감흥을 느꼈다. 그러던 어느 날, 나는 갑자기 학교가 싫었다. 실망한 어머니는 그 이유를 물었으나, 차마 말을 할 수 없었다. 아마 내가 학교 공부에 취미가 없거나 친구 사귀기가 어렵거나, 학교라는 새로운 환경에 적응이 힘들기 때문이라고 어머니는 여기는 것 같았다.

어머니는 나에게 할머니 같았고, 나는 손자 같은 아들이었다. 나는 다른 친구들의 어머니보다 늙어 보이는 어머니의 모습이 창피하고 부끄러웠다. 훗날 이 사실을 눈치 챈 어머니의 실망하는 표정을 지금도 잊지를 못한다. 이런 철없는 불효가 또 있을까.

어머니는 나에게 너그러우면서도 엄했다. 늦게 얻은 막내라 감싸 줄만도 한데 허물이나 실수에 냉정하리만큼 엄격했다. 잘못이 있으면 어김없이 나는 장딴지를 걷어 올리고 회초리 맞을 준비를 해야 했다. 마음이 여려 자주 눈물을 글썽이면, "남자는 슬퍼도 눈물을 보이지 말아야한다"고 달랬다.

그런 어머니는 정작 눈물이 많았다. 기쁠 때도 흘렸고, 슬플 때도 흘렸다. 멀리 시집 간 누나가 오랜만에 친정에 오면 좋아서 울었고, 시댁으로 돌아가면 섭섭하다고 울었다. 가끔 내가 속을 썩일 때는 애가 타서 흐느꼈고, 군에 간 옆집아들이 오면 반갑다고 글썽거렸다.

누나들에게는 항상, "여자는 목소리가 담벼락을 넘어서는 안 된다"고 하였다. 어머니는 조신한 편이었고, 참으로 부지런하였다. 지저분하게 어질러 있는 것을 보지 못하는 깐깐한 성격이었다. 어머니는 밤늦게까지 일을 하여 언제 주무시는지를 알 수 없었고, 언제 일어나는지를 볼 수가 없었다. 바쁘고 부지런하던 어머니의 이마에는 항상 땀방울이 맺혀 있었고, 손등에는 물마를 날이 없었다.

어머니는 당신의 이름 석 자밖에는 확실히 아는 게 없었다. 어머니는 '내 새끼' 챙기면서 이웃집 아이 섭섭하게 하는 경우 없는 짓은 하지 않았다. 그러면서도 자식의 장래에 대한 기대는 대단했다. 실패한 자식의 지극한 효성보다는 불효하고 버림을 받더라도 출세하여 사람 구실하기를 더 원했을지도 모른다.

어머니는 내가 한 가지만 잘해도 좋아했지만, 나는 어머니가 하나라도 잘못하면 불평을 했다. 어머니는 찬밥 먹고 자식에게는 더운밥 주며 키우는 걸 자식이 모르듯이, 나도 어머니의 희생을 알 턱이 없었다.

나는 어릴 때 썩 건강한 편은 아니었다. 입이 짧아 음식을 가려 어머니를 애태우게 하였다. 내 생일날에는 나도 모르게 이른 아침에 생일상을 차려 놓고 어머니는 빌었다. 건강하게 아무 탈 없이 크라는 기원이었을 것이다. 자식을 위한 어머니의 기도, 이것보다 더 절실한 바람이 또 있을까.

내가 어릴 때, 어머니도 건강한 편이 아니었다. 날씨가 쌀쌀해지면 천식기침으로 고생을 많이 하였다. 특히 동지섣달 긴 밤에는 해소기침으로 숨이 차서 거의 뜬눈으로 날을 새었다. 어머니의 기침소리에 잠이 깬 나는 어서 날이 새기를 기다렸지만, 겨울밤은 길기만 하였다. 날이 새면 기침은 뜸해지고 훨씬 수월해졌다. 춥고 긴 겨울이 가고 해동이 되면 언제 그랬느냐는 듯 말짱하였다. 그래서 겨울밤은 지루했고, 겨울이 싫었다.

의약품이 부족한 당시에는 대개 민간요법에 의존하였다. 효험이 있다는 조약은 거의 다 해 보았다. 봄이 오면 산에서 참꽃을 꺾었고, 가을이 되면 구절초를 찾아 들판을 헤맸었다. 겨울에는 깊은 계곡의 고드름을 따려 다녔다. 참꽃이나 구절초 꽃잎을 고드름과 꿀에 절여서 천식 대체 약으로 드셨다. 금방이라도 나을 것 같았으나, 얼마만큼의 효력이 있었는지는 알 수가 없다. 참꽃과 구절초에 몹쓸 짓을 한 것 같아 볼 때마다 미안하다.

어머니는 여러 약제를 드셨으나 노환이라 쉽게 호전되지 않았다. 추운 겨울만 오면 병세는 심해졌다. 외롭고 쓸쓸할 때면 어머니 생각이 더하다. 가을날 구절초의 연한 꽃대가 바람에 흔들리고, 찬바람이 불면 생각나는 어머니. 몸이 편하면 양지바른 쪽마루에 걸터앉아 참빗으로 가지런히 머리 빗고 매만지던 어머니. 불현듯 해질녘에 찾아오는 어머니에 대한 그리움은 나에게는 거의 본능이다.

참꽃과 구절초의 꽃잎을 따던 작은 정성도 뒤로 한 채 한겨울에 어머니는 세상을 뜨셨다. 피안의 저편에는 눈물도 없고 슬픔도 없는 곳, 고통도 없고 두려움도 없는 곳, 자식에 대한 걱정도 없고 애정도 사라지는 곳. 어머니가 마지막 가쁜 숨을 몰아쉬고 그곳으로 찾아 갔을 때, 시골집 마당에는 동짓달 잿빛 하늘에 흰 눈이 내리고 있었다. 소년의 작은 가슴에는 이별의 아픔이 내리고 있었다.

아내의 강

별들이 따라온다. 차창에 머리를 기댄 채 아내는 자는 듯 눈을 감고 있다. 피곤한가 보다. 아직도 객지에서 제 앞가림을 못하는 다 큰 애들을 대신하여 청소며, 밀린 빨래며, 당분간 먹을 음식까지 준비해 놓고 귀가한다. 지쳐 있는 아내의 머리가 내 어깨 위로 떨어진다. 센 머리에 그새 잔주름이 많이 늘었다.

함께 한 지 30여 년, 엊그제 같은 만남인데 벌써 세월이 그렇게 흘렀다. 대학을 졸업하고 이듬해 3월초에 처음 만나고, 5월 중순에 식을 올렸다. 사고도 치지 않았는데 무엇이 그리 급했는지 알다가도 모를 일이다. 그때 우리는 인생살이나 세상 물정에 너무 어두웠다.

첫아이 지윤이를 가졌을 때, 아내는 무척 힘들어 했다. 물

한 모금을 마시면 두 모금을 토해내는 심한 입덧은 고통이었다. 입덧의 괴로움을 나나 아이나 알 리가 없었다. 첫 살림살이가 가관이었다. 천지를 모르는 우리는 요량 없이 설치기만 하였다. 천방지축이었다. 깨소금 같은 신혼의 추억도 있었으나 황당한 충돌도 있었다.

어느 날, 원양항해를 갔다 온 사람이 외국에서 사온 테니스 라켓을 팔러왔다. 보기에 근사해서 당시 월급 1만 2천원을 몽땅 털어 사버렸다. 철없이 들뜬 마음으로 전셋집에 오자마자 괜찮은 물건을 샀다고 자랑하였고, 아내는 잘 샀다고 억지로 맞장구를 쳤다. 그 달은 어떻게 살았는지 몰라도 끼니를 거르지는 않았던 것 같다. 살림을 모르는 이 사람을 어떻게 믿고 평생을 살아가나, 아내의 고민은 그때부터 시작 되었을 게다.

다름으로 만난 우리는 오랫동안 같이 살다보니 많이 닮아갔다. 다른 닮은꼴이 되어버렸다. 모자람은 서로 채우고 넘치면 줄였다. 슬픔은 같이 나누고, 즐거움을 함께하다 보니 성격과 가치관은 물론 감정 표현이나 생각도 비슷해졌다. 인상도 닮아갔다.

부부는 3개월 사랑하고, 3년을 싸우고, 30년을 참고 견딘다고 한다. 나는 그동안 아내에 대한 배려가 인색했던 것 같다.

결혼기념일이나 아내의 생일날에 근사한 선물이나 멋진 여행 한 번 다녀 온 적이 없다. 이런 무례한 행동에 아내는 결혼 후 얼마간은 아쉬운 표정을 하더니만 차츰 체념한 듯했다. 처음에는 나도 마음에 걸렸으나 얼마 지나서는 미안한 생각도 들지 않았다. 남편으로 자격미달이고, 분명 하품이다. 남편의 직무를 유기한 셈이다.

요즘 주위를 보니 걱정스럽기도 하다. 젊어서 여자에게 호기를 부리다 늙어 버림받는 남자가 한둘인가. 국 끓여놓고 집 나가는 아내가 무섭다는 남자도 있고, 이사 갈 때 버리고 갈까봐 이삿짐 차에 제일 먼저 탄다는 남편도 있다는데. 그렇게 괄시는 하지 않겠지.

하루는 서서히 군살이 불어나는 아내의 허리를 보며 운동을 권하였다. 운동하러간 아내는 바닥에 물이 젖은 줄도 모르고 미끄러져 왼쪽 손목이 접질리고 뼈에는 금이 갔다.

"오른손이 아니고, 왼손이라 다행이네. 옆에는 난로가 있었는데도 화상을 입지 않았으니, 얼마나 운이 좋은가."

당황한 나에게 아내는 자랑 삼아 말하였다.

덤벙대는 아내에게 어찌 이런 낙천적인 여유가 남아 있을까. 이제 아내는 '세상에 태어난 것은 어려움을 견디려 나온 것'으로 이해하는 연륜이 쌓였는가 보다.

차창의 바깥 불빛처럼 우리의 지난 삶이 스쳐간다. 아쉬움도 있었고, 후회도 있었다. 기쁨과 환희만큼이나 큰 좌절과 절망도 겪어 보았다. 건져야 할 기회를 가끔 놓쳤고, 잡아야 할 실익을 챙기지 못했다. 앞서 가지 못하고 항상 뒤처져서 허둥대며 살아온 무능한 사람을 아내는 믿고 의지했다.

지쳐 있는 아내는 아직 눈 뜨기도 귀찮은가 보다. 속으로는 삶이 허망하다고 느껴지겠지. 과년한 자식을 가진 어미의 심정이 어찌 편할까. 그로 인한 초조함과 마음고생을 어찌 감내 했을까. 그동안 받았던 수모와 모멸감을 내색도 하지 않고, 혼자만 삭여야 했던 질긴 인내력은 어디에서 났을까. 미련스런 나는 얼마 전까지만 해도 아내의 이런 괴로움을 알 턱이 없었다. 살아 꿈틀거리는 벌레를 보고도 질겁하는 나약한 아내에게 어찌 이런 모진 면이 있었는지.

그동안 긴 인생길을 함께 여행하였다. 여행에서 좋은 동반자를 만나면 그 길은 지루하지 않고 즐거워진다. 나는 괜찮은 동반자를 만난 행운이 있었지만, 가끔 갈등도 있었다. 나는 험하지만 빠른 이쪽 길로 가자고 하면, 아내는 느리지만 안전한 저쪽으로 가자고 한다. 아내는 해가 지기 전에 빨리 가자고 조르면, 나는 쉬면서 천천히 가자고 늑장을 부린다.

속상한 버팀으로 아내가 토라질 걸 내가 먼저 해버린다. '여자가 알면 무얼 안다'고 하며 속으로 비웃으면, 아내도 '세상에 참 겁도 없는 남자'라고 눈총을 주겠지만, 이제는 알만도 하다. 지는 것이 이기는 것이고, 제일 어리석은 자는 아내와 싸워 이기려는 남자라는 것을. 그동안 소홀 했고, 포근하게 감싸지 못한 지난 세월에 대한 회한이 밀물처럼 다가온다.

밤열차의 창 너머로 빗물이 내린다. 이 작은 빗방울이 모여 강으로 흘러가겠지. 강물은 흘러 메마른 아내의 가슴속으로 스며들겠지. 아내는 강이 되어 지난 고통과 애착을 흘려보내고, 다가올 슬픔의 한 부분도 건너지 못하게 막아 주겠지. 그리고 우리 가족의 꿈과 희망을 그 위에 띄워 주겠지.

인생살이란 묘해서, 지금의 삶이 행복하면 지난날의 아픔은 추억이 되고, 현재의 삶이 불행하면 과거의 슬픔은 회한으로 남는 것. 이제 우리는 내일의 행복을 위해 오늘을 사는 것이 아니고, 행복한 오늘을 소중히 여겨야 하는 처지가 되었다. 아내는 피곤한 듯 내 어깨에 기댄 채 눈을 감고 있다. 칠흑같이 어두운 밤, 별들은 숨고 차창 너머로 비만 내리고 있다.

연과 삼국지

어린 시절 내 기억의 한편에는 늘 아버지에 대한 추억이 그리움으로 남아 있다. 우연히 하늘에 날고 있는 연을 볼 때면, 하얀 연 위에 아버지의 얼굴이 겹친다. 먼지 묻은 낡은 『삼국지』를 서재에서 발견하는 날이면, 아버지의 모습이 아른거린다. 연이나 『삼국지』는 아버지에 대한 어린 시절의 추억이고, 그리움이다.

겨울이 오면 아버지는 가끔 연을 만들어 주었다. 한가하면 나의 언 손을 잡고 연을 띄웠다. 공중에서 바람의 흐름과 연의 항력에 의해 연이 뜨는 원리를 그때 알았다. 당시의 나로서는 위대한 발견이었다. 빈 창공을 향해 솟아오르는 연이 살아 움직이는 것 같아 신기했다. 아버지는 연이 뜨는 원리와 연 날리는 법을 가르치면서 또 다른 것을 전해 줄 의향이었던 것 같다.

소일거리가 별로 없던 지루한 겨울에 아버지가 만든 연을 날리는 것은 신나고 즐거운 일이었다. 바람을 타고 올라가는 연은 마치 산천을 마음대로 나는 새처럼 자유로웠다. 바람이 적당하게 불어 연줄이 팽팽해지면서 연은 더 멀리 높게 날았다. 연은 하늘 위를 치솟는 매처럼 힘차게 날았다. 창공에도 길이 있는지 연은 정해진 길을 따라 풍선처럼 솟았다. 눈에 가물거릴 정도로 높게 날면 현기증이 났다. 연이 날면 내 마음도 움직였다. 나는 흰 연줄을 타고 올라가 연 위에서 더 높고, 더 먼 곳을 바라보고 싶었다.

연 날리는 기간은 그렇게 길지는 않았다. 기껏해야 북서풍이 잘 부는 동짓달부터 시작하여 정월대보름날까지였다. 보름이면 아끼던 연을 달집 태울 때 함께 불태우기도 하고, 해질 무렵에 미련 없이 연실을 끊어 하늘 끝까지 날려 보냈다. 연과 작별할 때는 아쉬움이 컸으나, 겨울이 짧다고 느낄 정도로 재미가 있었다. 산바람을 타고 재 너머로 사라지는 연을 바라보는 마음은 허전했지만, 거기에는 한 해의 액을 쫓고 복을 기원하는 아버지의 소망이 들어 있었다.

가을걷이가 끝나고 조금 한가하면, 아버지는 밤늦게까지 사랑

방에서 머슴들이 읽어주던 『삼국지』를 들으며 하루의 피로를 풀었다. 고요한 밤에는 책 읽는 소리가 내 방까지 들렸다. 깊은 가을밤에 희미한 등잔불 아래에서 『삼국지』를 듣던 아버지의 얼굴이 눈에 선하다.

치열한 적벽대전에서는 숨소리조차 들리지 않은 긴장이 방 안에 감돌고, 조자룡이 목숨을 걸고 유비의 가족을 구출하면 안도의 한숨소리가 들렸다. 주인을 위해 위험을 감수하는 조자룡의 심성을 아버지는 관우의 충성심이나 장비의 용맹보다도 더 부러워하였다. 머슴들에게는 은연 중에 조자룡의 정성을, 나에게는 현덕의 덕을 가르쳤다.

나는 조조의 슬기로운 지략이 마음에 들었으나, 아버지는 잔꾀로 사람을 부리는 조조를 간사하다 하였다. 오히려 미련하나 끈끈한 인정과 믿음을 주는 유비한테 더 마음이 쏠리는 것 같았다. 유비의 군사가 패할 때는 애석하게 여겼고, 그 원인을 분석하기도 하였다.

아버지는 조조의 꾀를 싫어하면서도 글을 아는 낭만적인 사람으로 인정하는 것 같았다. 개혁을 갈망하는 그를, 민중을 선동하는 혁명가로 평가하면서 갑작스런 변화를 우려하였다. 사람을 끄는 매력은 있으나, 인간적으로 사랑 받기는 어려운 위험한 인물로 여겼다.

아버지는 조조의 지혜보다는 유비의 덕을 크게 생각하는 것 같았다. 마음이 너그럽고 속이 곧으며, 선비 대접을 잘하는 영웅의 기질을 좋아했다. 사람을 아끼는 유비의 인간성을 이해하면서도 작은 인정에 끌려 큰일을 그르치는 우유부단한 성격을 항상 아쉽게 여겼다. 대중적인 인기가 있으면서도 너무 과거지향적인 면을 못마땅하게 생각하였다. 갑갑할 정도로 보수주의 가치에 매달리는 유비의 고집에는 실망하는 눈치였다.

아버지는 가끔 공명의 재주를 부러워하면서도 두려워하였다. 주군에 대한 충성심을 높이 평가하면서도 통속적인 야심가로, 헛된 이론을 정당화하려는 몽상가로 비판하였다. 주인을 가려가며 처신하는 그의 재능을 가볍고 아깝다고 하였다. 그러면서 재주는 잘 쓰면 덕이 되고, 잘 못 쓰면 독이 된다고 하였다. 그때는 몰랐으나 이제는 조금은 알 것 같다.

지난날의 내 기억 한 조각에는 가끔 연이 날고, 『삼국지』가 놓여 있다. 연은 어린 시절 아버지에 대한 추억이며 희망이다. 아버지는 높이 나는 연을 바라보며 나에게, 가을 매처럼 비상하는 높은 기개를 원했을 것이다. 아버지는 연을 날리며 나에게 하늘만큼 높은 이상을 갖게 하였다. 보다 높이, 더 멀리 연을 날리게 한 것은 꿈과 희망은 높게 가지고, 먼 장래를 바라보는 안목을 가지라는 당신의 바람이었는가 보다.

『삼국지』는 아버지를 향하는 그리움이다. 수많은 맹장들의 죽음을 초래한 피를 뿌린 싸움들, 허망할 만큼 짧았던 왕조의 수명과 부질없는 패업을 바라보며 아버지는 어린 나에게 무얼 가르치려 하였는지. 혼란스런 전국시대를 살아가는 지혜와 위기를 헤쳐 나던 영웅들의 운명에서, 자식의 앞날을 걱정했을 아버지의 속내를 알 것만 같다. 연과 삼국지를 생각하면 아버지가 그리워진다.

창가에는 달빛이

불가에서 가끔 듣는 말이다. 부모는 전생에 소금 한 줌 꿔다 쓰고 갚지 않은 인연으로 자식을 만나며, 부모를 향한 자식은 회초리이고 고통이라고. 알을 깨고 나온 봉황의 새끼는 제 어미를 쪼아 먹고 크며, 어미는 이런 아픔을 사랑으로 새끼의 성장을 위해 참고 견딘다. 부모와 자식 사이에는 언제나 좋으면서 아픈 관계이다.

엊그제 보름을 넘긴 달빛이 세차다. 야밤인데 쉬 잠이 오지 않는다. 밝은 달빛 때문도, 낮에 마셨던 커피 탓도 아니다. 날이 새면 우리집 큰아이가 시집을 간다. 자식을 출가 시키는 부모의 허허로운 심정을 여태 알지 못했다. 아이나 나나 철이 없기는 마찬가지였는가 보다. '품안에 든 자식'을 이제 놓자니 만감이 서린다.

아이는 학교를 다닐 때까지 속 한 번 썩이지 않았다. 초라하지만 그래도 서재가 있는 집에서 나름대로 여유로운 문화생활을 향유하도록 하였다. 틈이 나면 음악회나 미술관에 데리고 다니려 하였으나 그렇게 쉽지는 않았다.

그러던 아이가 졸업하고 혼담이 오고가면서부터 애를 태웠다. 밑으로 두 자매가 있어 될 수 있으면 빨리 결혼을 시키고 싶은 것은 내 마음이고, 아이는 '벌써'라며 뜸도 들이지 않았다.

혼기가 차 오자 타이르고, 설득도 했으나 마음먹은 대로 되지 않았다. 서둘다 보니 자꾸 일이 꼬였고, 꼬이다 보니 더 힘들어졌다. 나이 서른이 가까워 오니 해 넘어가는 것이 두려웠다. 달이 가고 해가 바뀌면 스트레스는 엄청 늘어나고, 시간 가는 것도 고통이었다. '부모가 오죽 능력이 없으면 애들 출가를 못 시킬까' 남들 보기에도 민망했다.

인연의 끈을 찾기 위해 애도 쓰고, 공도 드렸다. 언젠가 연말에는 청학동으로 도사를 찾았다. 내년에는 반드시 전생연분(前生緣分)을 만날 것이라고, 도사는 자신 있게 말하였다. 자신의 명예를 거니 꼭 믿으라고 하였다. 춤이라도 추고 싶었으나, 그해도 별 소득 없이 지나버렸다.

어느 해 가을에는 점술가를 찾아 도움을 청했다. 이 이름으로는 결혼이 어려우니 개명을 하라고 하였다. 시키는 대로 아이의 이름을 바꾸었으나, 그해도 그대로 흘렀다. 다음해는 용하다는 점쟁이 할머니를 찾았다. 해가 바뀌기 전에 좋은 사람이 꼭 나타날 것이니 걱정을 말라고 하였다. 만약에 사실이 아니면 '내손에 장을 지진다'고 확신 하길래 복채를 두둑이 주고 나왔다. 그래도 허사였다.

이렇게 몇 해가 지나고 서른을 넘기니 조바심이 나기 시작하였다. 해가 저물기 전에 넓은 모래밭에서 잃어버린 보석을 찾아야 하는 절박한 심정이었다. 낮에는 주위가 밝아 쉽게 찾아질 것 같았으나, 차츰 날이 어두워지니 점점 더 어려워졌다. 보석은커녕 쓸데없는 사금파리를 찾을까 걱정인데도, 아이는 믿는 구석이 있는지 태연하였다.

보석을 찾는데 돕겠다고 나서는 사람들도 있었으나, 개중에는 과년한 딸자식으로 초조한 부모의 약점을 철저히 이용하는 자들이었다. 이들의 횡포와 요즘 결혼문화의 허영에 실망하였다. 말로만 듣던 '열쇠'가 현실이었음을 알았을 때, 결혼이 사랑으로 이루어진다기보다 물질이 따라야 한다는 걸 느꼈을 때, 그건 굴욕을 넘어선 분노였다.

언젠가 한 번은 '저쪽'에서 자존심을 건드리는 무리한 요구를 해 왔을 때였다. 조급한 나는 모든 걸 접고 원하는 대로 해 주고 싶은 생각이 없지 않았으나, 당사자인 아이가 거절을 하였다. 결혼은 사랑과 믿음으로 하는 것이지 물질 같은 허상으로 하는 것이 아니라면서. 터무니없는 허황한 조건을 거는 속빈 사람과 어떻게 평생을 같이 하겠느냐는 그의 생각이 처음에는 어리석고 아쉬웠다. 항상 어린아이로만 알고 있었는데 언제 이런 성숙한 바른 마음을 가졌는지 흐뭇하고 대견스러웠으며, 어리석은 것은 나였다.

인연이란 숨어서 소리 없이 나타나는가 보다. 아이는 올해로 서른 셋. 부모의 초조함을 아는지 모르는지, 직장생활에 만족하며 자기 개발에만 충실했다. 결혼이야기만 나오면 이 핑계 저 핑계 온갖 핑계를 대며 속을 태워 또 해를 넘기는가 걱정을 했다. 그런데 어느 날 어떤 계시를 받았는지, 한 해 하고 이틀을 먼저 난 총각과 몇 번을 만나고는 마음이 바뀌었다. 어떻게 '필'이 오고갔는지, 만난 지 한 달 만에 꽃송이를 들고 찾아온 그의 진심을 믿고 백년언약을 맺게 되었다.

어릴 때부터 지금까지 지나온 아이의 흔적이 주마등처럼 스쳐 지나간다. 처음 출생 했을 때의 환희, 성장하면서 가족에게

준 기쁨과 즐거움, 철들면서 의젓하고 곧은 심성, 이쁜짓 하면서 보낸 어린 시절. 이것만으로도 아이는 나에게 진 빚을 갚았다. 게다가 천정배필을 만나 인생의 새출발을 하게 되었으니, 이보다 더 한 효도가 있을까.

창틈으로 들어오는 달빛이 대낮 같다. 옆에 누워 있는 아내도 잠이 오지 않은지 뒤척거린다. 30여 년을 키워온 딸자식을 보내는데 어찌 쉽게 잠이 오겠는가. 품안에서 내보내야 하는 아쉬움과 걱정이 적지 않은가 보다. 그러나 이제는 더 너른 창공을 날며 그들만의 보금자리로 찾아가야 할 때이다.

건넛방 아이도 잠을 들지 못하는 것 같다. 결혼이란 살며 치르는 가장 경건하고 아름다운 혁명이라는데 쉽사리 잠이 올까. 마음의 집을 옮겨야 하는 염려도 있고, 친정에도 미련이 남겠지. 부모에 대한 짐과 동기에 대한 애착도 끊기 어려울 거고. 새 삶에 대한 기대와 설렘과 부담이 있겠지. 그러나 다 잘 될 거고, 내일부터 새로운 공간에서 행복한 날들이 시작될 것이다.

혼기가 늦어 애를 태우던 아이를 보고 어제까지는 시원하였다. 하지만 날이 새면 얼마나 서운하고 섭섭할까. 창가에는 달빛이 흐른다.

아파트

나는 여태껏 단독주택에서 살았다. 어릴 때, 마당 넓은 집에서 뛰놀던 좋은 기억이 좁은 아파트생활을 말렸다. 그러나 주택생활을 하면 꽃 피는 정원이 있어 답답하지는 않으나, 불편함은 어쩔 수 없다. 가끔 외출이라도 할 때면 매번 문단속 한다는 것이 여간 성가시지 않다. 냉난방비가 만만치 않아 여름에는 덥고, 겨울에는 추위로 떨어야 한다.

그래도 편리한 아파트생활이 망설여지는 것은 공동주거생활에 대한 걱정 때문이었다. 아무래도 단독주택만큼 만만하지가 않을 것 같고, 그런 생활에 쉽게 적응이 될지 불안했다. 남에게 피해를 줄는지, 피해를 입을는지 신경이 쓰였다. 앞뒤로 막혀 있는 콘크리트벽으로 사람들의 인심도 메말라 삭막할 것만 같았다.

걱정이 없지는 않았지만, 오랜만에 용기를 내어 아파트로 옮겼다. 층간에 방음이 제대로 되어 있지 않아 위층의 떠드는 소리가 그대로 들렸다. 시도 때도 없이 치는 피아노소리가 귀에 거슬렸다. 그들에게는 음악이었으나, 나에게는 소음공해였다. 한밤에 치는 피아노소리는 더욱 참기 어려웠으나, 어쩔 수 없었다.

1년 남짓 피아노소리에 적응이 되고 나니, 위층은 이사를 갔다. 이젠 좀 조용해지려니 했으나, 그게 아니었다. 새로 이사 올 사람은 집수리를 한다고 거의 한달 동안 야단이었다. 아침 일찍부터 저녁 늦게까지 바닥을 깔고, 벽을 허물고, 못질을 했다. 멀쩡한 새 것을 걷어내고, 버리는 낭비와 사치는 아무리 내 것이 아니라도 아까웠다.

위층에 입주한 사람은 아이들이 아직 어린 젊은 부부였다. 다시 긴장이 되었다. 뛰어다니는 아이들의 발자국소리를 들으니 여간 개구쟁이가 아닌 것 같았다. 강적을 만난 셈이다. 위층에 찾아가 조용히 해 달라고 사정을 하고 관리실에 항의하면, 잠시는 괜찮았으나 얼마 지나면 다시 시끄러웠다. 아이들을 만나면 "참, 착하지. 마루에서 너무 뛰지 말고 조용히 다녀라"고 달래면 정말 착한 줄 알고 더 설쳐댔다. 어르고, 타이르고, 주의를 주고 하였으나 별 효과가 없었다. 어려서부터 '남한테 피해를 주지 말라'고 가르쳐야 할 부모들의 무관심도 문제였다.

강 상류에 사는 사람들이 물을 더럽힐까 노심초사하는 하류 사람들처럼, 위층의 눈치를 살펴야 하는 아래층 사람의 팔자라 생각하며 체념하기로 하였다. 아파트에 살면서 위층 사람을 잘 만나는 것도 큰 복이라 생각했다. 그리고 마음을 고쳐먹었다. 위층 아이들의 뛰는 모습을 우리 아이들이 어릴 때 놀고 있는 광경이라 생각했다. 소음에 신경을 쓰지 않으니 마음이 훨씬 편하였다. 모든 게 마음먹기에 달렸다는 걸 알았다.

요즘, 아파트의 소음 문제로 정다워야 할 이웃 관계가 말이 아니다. "시끄러우니 주의해 달라"고 아래층에서 부탁하면, "당신들은 젊었을 때 애를 키워보지도 않았느냐. 내 집에서 내 마음대로 하는데 무슨 참견이지. 조용하게 살려면 단독에 살지 왜 아파트로 왔느냐"고 위층은 흥분한다. 역지사지의 아쉬움이 남지만 아래층은 예민해지고, 고층은 여간 아니다.

이쯤 되면 이웃사촌이 아니라 원수지간이다. 층간 소음으로 입주자를 괴롭히는 것은 방음장치를 소홀하게 시공한 건설업체에 일차적인 책임이 있다. 첨단 디지털 시설을 한다고 입주자를 현혹 시키지 말고 위층에서 뛰는 소리, 아래층에 안 들리게 만들 수 없는지. 건축비를 아끼려는 천박한 상혼이 교양 없는 위층만큼이나 밉다. 욕실 천장에서 물이 새면 더욱 가관이다. 위층 바닥이 문제인지 아래층 천장의 하자인지, 이웃 간의 갈등의 골은 깊어만 간다.

물론 잘 지은 고품격 아파트라고 꼭 좋은 아파트라고 할 수는 없다. 주위 경관이 화려하고, 시설이 좋고, 교통이 편하다 하여 살기 편한 것도 아니다. 아파트의 가치는 외양도 관계가 있으나, 거기 사는 사람들의 교양이나 품위가 좌우한다. 입주자들의 문화적 수준이나 품행이 그 아파트의 질을 나타내는 것 같다. 화려한 아파트의 승강기 안에서 잠옷 차림의 입주자를 만나면 그 아파트는 하품이고 저질이다. 승강기 안에서 아침에 미소 짓는 이웃을 만난다면 그 아파트에 사는 사람은 분명 행복하다.

그러나 이웃이 이렇다 하여, 이 아파트를 뜰 수 없는 이유는 내 방에서 보이는 전망 때문이다. 강, 호수나 바다가 보이는 화려하고 멋진 전망은 아니다. 조용한 날이면 파도소리까지 들리는 바닷가지만, 창을 통해서는 바다가 보이지 않는다. 북서쪽으로 트인 창 너머로 바다를 향한 조망 대신 멀리 백양산과 가까이 금련산을 볼 수 있다. 계절마다 색깔을 달리하는 산의 겉모습을 바라보는 재미도 바다 경치 못지않은 감동이다.

창문 바로 아래에는 초등학교 운동장이 보인다. 아침 등굣길에 흘러나오는 경쾌한 음악, 운동회날의 힘찬 응원과 함성 그리고 소풍 가며 재잘 되는 아이들의 즐거운 웃음소리까지 들린다. 동심에 젖어 세상사 잊고 뛰놀고 있는 아이들을 바라보면, 나도 한때 저런 꿈같은 어린 시절이 언제 지났는지 아득하다.

그리 멀지 않은 곳에 대학캠퍼스도 보인다. 운동장에서 뛰고 있는 젊은이들을 바라보면 청춘에 대한 희열을 느낀다. 교정의 나무 아래에서 이야기 하며 쉬고 있는 학생들도 눈에 뜨인다. 그들에게는 미지의 세계에 도전하는 야망이 있고, 낭만과 포부가 있는 것 같다. 영영 다시 젊음이 오지 않을 나에게는 그들이 한없이 행복하고 부러울 따름이다.

내 방에서는 홍콩의 밤경치 같은 화려한 야경은 없다. 그러나 내 글방 가까이에서 새벽까지 꺼지지 않고 켜져 있는 캠퍼스 연구실의 불빛은 그 어느 화려한 야경보다 감동적이다. 늦게까지 저 불빛 아래에서 진리를 찾고 있을 연구원들의 모습을 그려보는 것만으로 충분히 즐겁고 행복하다. 그래서 나는 이 아파트를 뜰 수 없는가 보다.

친 구

몇 해 전에 이 지역을 배경으로 한 영화 「친구」가 연일 최대 관중을 동원하며 공전의 히트를 치고 있을 때였다. 진정한 우정을 그리던 어느 날, 한 친구의 갑작스런 부음을 전화로 전해 들었다. 도저히 믿기지가 않았으나 그건 분명한 현실이었다.

가출하고 보름이 넘도록 소식이 없어 초조하게 기다리던 가족에게, 그의 소재를 알려준 것은 낯선 등산객이었다. 평소에 즐겨 찾던 바다가 보이는 호젓한 숲 속에서 스스로 목숨을 해결한 채 그는 며칠째 혼자 누워 있었다. 옆에는 마시다 남은 소주병이 어지럽게 놓여 있었다. 무슨 사연이 있어 그런 극한적인 최후를 선택 하였을까?

그는 나의 죽마고우는 아니다. 그렇다고 서로를 이용하기 위해 오다가다 만난 가벼운 사이도 아니었다. 그를 처음 본 것은 대학 캠퍼스에서였다. 긴장된 규율 속을 벗어나 자유분방한 대학 공간에서 우리는 들뜬 마음으로 처음 만났다. 그때 우리의 꿈은 컸고, 이상은 하늘보다 높았다. 보고 듣고 느끼는 것이 다 희망찬 미래의 푸른 꿈이었다. 착각이었겠지만 신출내기 우리에게는 거칠 것이 없었고, 앞날은 훤하고 모든 게 자신이 있었다.

새내기가 알면 얼마나 알까. 그래도 얕은 지식으로 예술을 감상하고 문학을 이해하고 철학을 논하면서 제법 진지한 척하고, 아는 척도 많이 했다. 그는 내가 모르는 것을 항상 많이 알고 있었고, 내가 아직 경험해 보지 않은 미지의 세계를 이미 체험하고 있었다. 모든 게 나보다 한 발 앞서 나가는 것 같았다.

우리는 학창 시절에 많은 추억을 오래도록 남기려고 애썼다. 하계 무의촌 봉사를 마치고 어느 산사에 잠시 들러 밤하늘의 별들을 바라보며 알아듣지도 못하는 이야기로 밤을 새기도 하였다. 가끔 허전하면 동해남부선 완행열차를 타고 출렁이는 바다를 바라보며 마음을 다스리기도 하였다.

평소에 그는 난초를 좋아하고 낚시를 즐겼다. 병원생활에서 받는 스트레스를 그렇게 해결하는 것 같았다. 그는 어릴 적 친구처럼 편안했다. 약속도 없이 저녁에 불쑥 찾아가 차 한 잔

얻어 마셔도 좋을 만큼 허물없는 사이였다. 울적할 때 만나면 낮은 목소리로 소곤거릴 수 있는 넓고 잔잔한 호수 같은 벗이었다. 마음이 텅 비어 있을 때는 연락도 없이 찾아와 마음을 활짝 열고 시끄럽게 떠들다 갈 친구였다. 세월이 흘러도 늘 한결같은 친구였다.

그는 성격이 곧고 직선적이라 도리에 어긋나면 참지 못했다. 꼭 짚고 넘어가야 직성이 풀렸다. 그는 맺고 끊는 게 분명했고, 우유부단한 행동을 싫어했다. 적당하게 얼렁뚱땅 타협하며 넘어가는 걸 싫어했다. 무식한 졸부를 미워하였고, 관리들의 기회주의에 대해 환멸을 느꼈으며, 소신 없는 철새 정치인들에 분노하였다. 그는 나서야 할 때와 들어가야 할 때를 판단 할 줄 알았다. 하고 싶은 일과 참아야 할 일, 해야 할 말과 해서는 안 될 말을 가릴 줄 아는 절제력이 있었다. 그는 냉철한 이성과 낭만적인 감성을 함께 가졌고, 의리가 있었다.

그 친구는 가족에게는 자상한 가장이었고, 환자에게는 최선을 다 하는 좋은 의사였다. 그러던 그가 어느 날, 허리 통증으로 고생하는 선배의사를 수술하게 되었다. 척추수술을 하는 도중에 예기치 않은 응급상태가 발생 하였고, 그는 당황하기 시작 하였다. 위기를 느낀 그는 수술을 포기하고 환자를 결국 큰 병원으로 이송 하지 않을 수가 없었다. 그에게는 돌이킬 수 없는 큰 굴욕이었다.

그 후 그는 자존심과 자신감을 잃고는 초조하고 방황하기 시작 하였다. '혹시 잘못된 수술로 인해 신체적인 장애가 오지 않을까' 하는 심적인 부담이 그의 뇌리에서 떠나지 않았다. 철두철미하고 책임감이 강한 그에게는 자신의 이런 실수를 용납할 수 없었다. 그 후 그는 자신의 무능에 대해 좌절과 자학의 나날을 보내었다. 이런 정신적인 고통은 그를 더 나약하게 만들었다. 주위의 눈총을 감내 할 수 없는 여린 면이 있었는지 그는 여러 날을 고민 하다 결국 마지막으로 그 길을 선택했다.

책임과 사명감이 목숨과 바꿀 만큼 그에게는 그렇게 중요한 것이었을까. 연로한 부모에 불효하고, 사랑하는 가족에게 큰 슬픔을 주고 갈 만큼 자신의 실수가 참기 어려운 고뇌였을까. 남한테 피해 주는 걸 싫어하는 그의 성격으로 보면, 끝내 한계상항으로 빠질 수밖에 없었던 그의 불가피한 심리를 헤아리기가 어렵지는 않다.

자신을 파괴하고 본래대로 흙으로 돌아가고 싶었을 그의 흔적 행위를 이해하지 못할 것도 없다. 폐허의 공간에 서서 절망의 벼랑을 바라보며 얼마나 많은 갈등을 가졌을까. 삶과 죽음의 대립에서 망설임도 있었겠지. 그인들 왜 자신에 대한 애착이 없었겠는가.

아끼고 사랑하던 것을 포기해야 하는 두려움도 있었을 것이고, 그 표면에는 세속에 대한 집착과 자신의 실수에 대한 아쉬움이 있었을 것이다. 그러다 잠시나마 관조의 세계에 빠져들었겠지. 부족한 자신을 더 이상 증오하지 않고, 분노해야할 대상에 화내지 않는 관조라는 상황에 머물면서 모든 걸 그렇게 정리 했겠지.

생전에 마음이 허전해서 취한 날에는, '떠날 때가 언제인지를 알며 떠나는 사람의 뒷모습은 얼마나 아름다운가'라는 어느 시구를 허공을 향해 외며 끊고 맺음이 확실했던 그는, 결국 그의 마지막도 그렇게 끝내었다.

지금 금방이라도 허허 웃음을 지으며 찾아 올 것만 같다.

핀 치

아마 10년은 훨씬 지났을 거다. 그해 겨울, 오랜만에 찾아간 고모집에서 낯선 손님을 보고 겁에 질려 떨고 있는 너를 처음 본 것이. 하얀 바탕에 연한 갈색 얼룩무늬를 하고, 크고 맑은 눈에 쫑긋한 귀와 알맞게 튀어나온 코 그리고 가늘고 긴 목과 다리가 아기사슴처럼 순한 모습이었다. 밉상스럽지 않은 용모와 행동에 홀린 애들의 성화로 우리랑 같이 왔지. 그리고는 '핀치'라 부르면서 인연을 맺게 되었다.

너무 어려서인지 처음에는 애를 태우더니, 그 후 우리가 주는 애정과 관심으로 쉽게 적응해 갔다. 까탈을 부리지 않고, 날로 귀여운 짓을 하면서 정상적인 성장을 하였다. 네가 온 후로는 별로 살갑지 않던 애들도 마음이 너그러워지고, 성격도 부드러워졌다. 학교에서 받는 스트레스를 너와 놀면서 해소하는 것 같았다. 늦게까지 공부하는 애들 옆에 쪼그리고 앉아있다 야심한 밤에 들어가 보면 애도 지쳐 졸고 있고, 너도 조는 모습이 재미있고 불쌍해 보였다. 내가 늦도록 책을 보거나 원고지를 채울 때면 곁을 떠나지 않고 조는 것이 안쓰러워 자리에 누이면 그냥 세상모르게 잠들어버렸지.

너는 영리하고 눈치가 빨라 즐겁고 기쁠 때의 분위기와 우울할 때의 기분을 잘 구별하였다. 실내에서 함께 지내다보니 네가 우리의 표정을 읽듯이 우리도 너의 '사인'을 알 수가 있었다. 배가 고플 때, 목이 말라 물을 찾을 때 그리고 급하게 볼일이 있을 때는 다양한 행태의 몸짓을 하였다. 그걸 미처 알지 못하고 '사인미스'라도 하면 너는 종종 실수를 하였지.

가끔 심통을 부려 거실 카펫을 발톱으로 찢고 소파를 이빨로 물어뜯거나, 베란다나 욕실에서 실수하고 옴츠리면서 미안한 표정을 지을 때는 오히려 앙증스러웠다. 너의 큰 괴로움은 혼자 집을 지켜야 하는 외로움이라는 것을 모르는 바는 아니었지만, 피치 못하게 너를 혼자 두고 며칠간 여행을 할 때면 괴롭기는 우리도 마찬가지였다.

얼마 전부터 너를 두고 몇 가지 고민을 하기 시작하였다. 그동안 단독주택의 실내에서만 지냈기에 너 때문에 남의 기분을 상하게 하지는 않았다. 내년에는 아파트로 이사 갈 예정이었다. 여러사람들과 함께 살다보면 귀엽고 사랑스러운 너의 행동이 이웃에게는 혐오감이나 피해를 줄 수도 있을 거라 생각했다. 애완동물을 기르든 말든 그것은 개인의 자유지만, 나 좋다고 남에게 손해를 주는 행위는 옳지 않다. 기르는 권리만 주장하고 주위를 배려하는 의무에 소홀하다면 이 또한 못할 짓이고, 애완동물을 즐길 자격이 없다고 생각했다. 그래서 이사를 가면 너를 두고 갈 수도, 데리고 갈 수도 없는 고민과 갈등이 생겼다.

또 하나는 그동안 잔병치레 없이 건강하던 네가 요즘은 노화현상인지 걸음걸이가 부실하고 행동도 자연스럽지 못했다. 만약 언젠가 갑자기 찾아 올 너와의 생물학적 이별을 상상하면 우리 가족의 충격이 크리라 걱정이었다. 그래서 조금씩 헤어짐에 대한 적응과 너에 대한 애정을 줄여가는 방법을 생각했다.

내가 처음부터 너를 데려오기를 꺼렸던 것은 이런 이별의 아픔을 언젠가는 한 번 겪어야 한다고 생각했기 때문이었다. 내 어릴 적에 시골집에서 학교 갔다 온 나를 가족보다 반갑게 맞이하던 '해피'라는 녀석이, 이웃에서 놓은 못된 약을 잘못 먹고 쓰러지는 비참한 최후를 보고 다시는 너희들을 기르면서 정을 주지 않겠다고 맹세를 했다. 하지만 그동안 네가 하는 짓이 하도 귀여워서 그런 옛 기억을 잊고 있다가 얼마 전부터 노쇠한 너를 보면서 아픈 옛날이 회상되었다.

첫째와 둘째가 몇 해 전에 유학을 떠났고, 혼자 남아 너의 친구가 되어주던 막내까지 대학에 입학하여 너와 헤어져야 했다. 떠날 준비를 하지 않기에 물어보니, "지금 짐을 챙기면 핀치가 눈치를 채고 슬퍼해요. 밤에 잠들면 그때 준비 할게요" 하던 막내도 헤어지기가 무척 섭섭했던가 보다. 다음날 집을 나서는 막내는 너를 보고 눈물을 글썽였다. "핀치를 잘 돌봐 주셔요. 운동도 한 번씩 시키고…" 하며 너의 머리를 쓰다듬고 집을 나섰다. 어제까지 펄펄하던 너는 자리에 들어가 누운 채 하루를 조용히 보냈다.

'이녀석이 유진이가 떠나니 섭섭한 모양이네' 이렇게 생각하였는데, 다음날 아침 방에서 나오는 걸음걸이가 평소 같지 않게 힘이 없었다. 그리고는 막내의 방을 찾았고, 보이지 않으니까 다시 거실로 나오는데 자세히 보니 비틀거리고 있었다. 그리고 바닥에 눕는 것이다. 좀처럼 하지 않던 너의 돌출행동에 당황하여, 급히 근처의 동물병원을 찾았다.

"숨은 쉬고 있지만, 살아있는 것이 아니네요."

냉정한 수의사의 말에 가슴이 철렁 내려앉는데, 너도 알아챘는지 힘없이 눈을 감아버렸지.

“우선 영양제를 한 대 맞히고 입원을 시키세요. 만약 밤에라도 위급하면 전화를 하지요.”

수의사의 말에 최선을 부탁하고, 집에 와도 잠은 오지 않고 뒤척이는데 전화가 왔다.

‘아, 이제 네가 우리 곁을 떠나는 구나.’ 불안한 생각에 수화기 들기가 무서웠다.

“핀치 잘 있어요?”

너를 보고 싶어 하는 막내의 불안한 음성이었다.

다음날 아침, 입원한 너를 보러갔다. 힘없이 처진 채로 누워 있으면서도 반갑다는 너의 특유의 표정에 얼른 집으로 데리고 왔다. 밤에 맞은 영양제 때문인지 다소 생기가 있었다.

‘그래, 막내와 헤어진 후의 일시적인 충격 때문이지 별일은 아닐 거야.’

조금은 안심이 되어 저녁 모임에 참석하고 늦게 귀가했다. 집이 너무 조용했다. 여느 때 같으면 내 발자국소리에 벌써 현관에 나와 있을 텐데 기척이 없었다. 불을 켜고 너 있는 곳으로 가보니 자는 것 같았다. 너무나 깊은 잠에 빠졌는지 일어나

질 못했다.

돌아 나오는데 예감이 불길했다. 다시 한 번 자는 모습을 살펴보았다. 침대 모서리에서 평화롭게 자고 있었다. 어저께 시킨 목욕으로 비누향도 아직 지워지지 않은 채 하얀 털이 눈처럼 희게 보였다. 그동안 친했던 애들을 찾았는지 눈도 감지 못한 채 자고 있었다. 13년간 우리 가족을 즐겁게 하며 어저께까지 건강하던 네가 자리에 눕고 하루 만에 갔으니, 그것이 우리의 걱정과 성가심을 들어주려는 마지막 너의 배려였는지.

너는 할 말이 있어도 말을 못하고, 슬퍼도 눈물을 흘리지 못하며 기뻐도 웃을 줄 몰랐지. 그래도 우리가 표현하는 희로애락의 감정을 충분히 느끼는 것 같았다. 약은 인간과는 달리 잔꾀나 요령을 부리지도, 속을 썩이거나 기만하지도 않았고, 배신이란 몰랐지.

잠시 후 너를 안고 새벽 산책을 다니는 이곳에 왔다. 저만치 먼 아래로 네가 놀던 광안리 해변가 모래밭이 보인다. 촉촉하게 젖은 부드러운 땅을 파서 반듯하게 너를 누이고, 다시 흙을 덮는다. 사람만 흙으로 돌아가는 줄 알았는데 너도 흙으로 돌아가는구나. 회자정리가 인간 세상에서만 있는 것인 줄 알았는데. 만남이 있으면 이별이 있고, 오늘 이렇게 헤어졌으니 우리

다시 만날 수 있을 거야.

날수도 모자라서 더 쓸쓸한 2월의 마지막 날, 이틀 전에 정월 보름을 지낸 달빛이 중천에서 대낮처럼 밝게 비치고 있다. 무슨 인연으로 우리 가족을 만나 즐겁게 해주더니, 다음에는 무엇으로 환생하여 누구를 기쁘게 해줄 거냐. 편안하게 잠들거라, 핀치야.